ステップアップ 古文書の読み解き方

天野清文
実松幸男
宮原一郎

吉川弘文館［発売］
天野出版工房［発行］

はじめに

本書は、古文書《こもんじょ》を読むにあたって必ず必要となる言葉や用法を厳選して、お一人で勉強しながらでも、くずし字解読の基礎がマスターできるようにと編集したものです。『はじめての古文書教室』（平成17年刊）の姉妹編と考えてください。

古文書解読に挑戦してみて、もう少し効率良く、スマートに習いたい、スタートから解読に必須の点がまとめてある本を、常に座右に置いて勉強したい、ポイントをまとめた本で復習しながら古文書講座を受講したい、という方々の声にお答えします。対象とする古文書は、実物や写真で容易にみることができ、一般の方にとってなじみやすく、手に触れやすいという理由から、『はじめての古文書教室』と同じく、江戸時代の村の古文書（地方文書《じかたもんじょ》）としました。

さて、くずし字、続き字で書かれた古文書を読むためには、どうしても乗り越えなくてはならない、いくつかのハードルがあります。古文書に書いてあることを読み解くには、まず何よりくずし字が読めなければなりません。同時に、今日の日本語の語句・文法・文体とは異なる表現に慣れておく必要があります。文字を解読することと、言葉や文法を理解すること、この両方をマスターして、初めて文章が読解できるようになります。

本書では、よく古文書に出てくる「候文《そうろうぶん》」の文体と「候間《そうろうあいだ》」「候ハヽ《そうらわば》」などの文末表現、「有ㇾ之《これあり》」などの返読文字、「仍而如ㇾ件《よってくだんのごとし》」などの慣用句、「厳敷《きびしく》」・「令《しむ・せしむ》・被《る・らる》」などの形容詞や助動詞といった、はじめて古文書解読にチャレンジする方が、難しく感じてしまい、敬遠したくなりがちな表現をピックアップして、実例・類例・現代語訳を交えて解説していきます。

ドリルのようなトレーニングだけではなく、最後には江戸時代の古文書を読み切れるように、実践編として古文書4点を掲載し、本書だけでも基礎的な解読技法が学べるように配慮しました。実例と練習を交互に繰り返しながら解読力を養っていっていただいてもいいですし、一通りの練習のあと腕試しで古文書を読んで、勉強の成果を確かめるといった利用法もあります。

古文書に書かれたくずし字を解読するためには、『はじめての古文書教室』で触れたように、習うより慣れろ、繰り返し読み続けることが早道なのは変わりません。けれども、これから始めようと思いつつ不安になっている方、手はつけてみたがつまずきかけている方にとっては、取りあえずよく出る語句や表現に絞って、先に慣れて覚えてしまうというのも、有効な方法です。この本では、本当に必須の30個の表現を取り上げて、そのくずし字を読むことと、その意味がわかることに重点を置いています。取り上げているのは、文章の一片ばかりですので、読み物として読むよりも、くずし字解読のためのファーストステップとして、練習用に使うという目的を持って、この本を利用されることをおすすめします。用例を繰り返し読み返してみて、語法や慣用句・古文書の表現に慣れながら、第2部の実例古文書を読み切り、『はじめての古文書教室』や『演習　古文書選』、一般の古文書を読み進めていってください。

ところで、皆さんは、身近にある文書館、博物館や郷土資料館を知っていますか。そこでは、古文書をはじめ、郷土の歴史・文化資料を保存し、展示しています。また、図書館の郷土資料コーナーには、郷土史についてのさまざまな資料がそろっています。かつて文書館や博物館がなかったころに収集された古文書を所蔵する図書館もあります。

そうした施設を利用して、ご自分が住んでいたり、働いていたり、あるいはよく遊びに行くところを、ちょっとタイムトリップしてみませんか。ご自分のご先祖様や一族について調べてみませんか。

実にさまざまな資料が文化財として私たちの身近なところに残されており、歴史を語ります。そんななか、今も昔も、もっともポピュラーな方法は、過去に書かれた史料を探して読んでみること、つまり古文書を読むことです。古文書は、記された内容がすべて正しいとはもちろん言えませんが、過去の出来事の具体的な経緯を知ることができる点で、優れています。歴史を繙《ひもと》く上で欠かせないものといえるでしょう。

今日、数多くの歴史書や自治体史が出版され、古文書の翻刻が進んできたとはいえ、未だ膨大な数の古文書たちが、皆さんに解読されるのを待ち焦がれて、ひっそりと保存されています。そのような古文書たちを、すらすらと読み解くことができれば、どんなに楽しいことでしょう。本書の内容の大部分は練習用であり、あまり面白くないかも知れませんが、その先には新しい古文書の世界が待っているのだということを想像して、チャレンジして下さい。きっとあなたなりの本書の利用法が見つかるはずです。

二〇〇六年八月十日

ステップアップ　古文書の読み解き方【目　次】

第2部　【実践】古文書の読み解き方

【協力】高橋紀子

【この本の使い方】

ここでは、本書の構成に即して、古文書を読むとき頭に入れておきたいことがらについて、ざっと記してみます。以下の点を留意して、上手にこの本を使って、皆さんなりの学習法をみつけることが大切です。

この本の特徴は、文字を読み、意味を知り、文章を読む、という、3段階のステップで学べるようになっていることです。江戸時代の古文書によく見られる独特なことば、表現、文法などを30例ピックアップし、その実例・用例、意味、類例などを解説しています。単なるくずし字ドリルではなく、必ず各節に長文を用意して、文章の中から用例を学べるよう配慮しています。

とはいっても、やはり古文書一点、一冊を読み切ってこそ楽しめるもの。第2部には、実例として古文書を4点用意しました。これ一冊で、解読の初歩とポイントとなる語句を学びながら、古文書も読むことができるという本になっています。

では、実際にやってみましょう。例えば、「（罷成《まかりなり》）」というくずし字があります。本書では、この字句を一つの節としてまとめて解説します。なお「罷」は、本文中では§25「相成」という接頭語の解説の中で説明していますが、頻出の重要な言葉です。

まず**ステップ1**として、くずし字ではなく、「不罷成候故」というようにあらかじめ読んだ字（白文）を掲げ、**【解説】**・**【読み下し】**・**【現代語訳】**の順に、字のポイントと読み方、意味を説明します。漢字が並んで何やら漢文みたいですが、古文書の文章の多くは日本語と漢文がまざった「和漢混淆文《わかんこんこうぶん》」で書かれています。寺子屋《てらこや》の素読《そどく》の要領で、短い文を何度も読んで慣れてしまいましょう。

「不罷成候故」は、「まかりならずそうろうゆえ」と読みます。無理して暗唱する必要はありませんが、短い文とはいえ、音読すると、江戸時代の雰囲気が出るのではないでしょうか。

【解説】では、「不」は「ず」、「ざる」などと読み、「〜しない」という否定の意味を表し、不○○とあるときは下にある○○を先に読む、返って読む字（返読文字で、返り点を付けて読む字）であること、「罷成」は「不」と合わせると「してはならない」という強調の意味になること、などを説明します。「まかりならぬ」とは、現代でも使われる表現ですね。続く「候（そうろう）」は、「です、ます」の意味で、古文書で使われる文末の表現です。「〜候、〜候」と続くので、候文という言い方をします。最後の「故（ゆえ）」は、候に続くことばで、理由をあらわします。「○○だから」、「○○という理由で」などと訳します。

【読み下し】では、「罷り成らず候故」と返り点をなくした読みどおりの文章を掲げ、【現代語訳】では、「してはならないので」というこの文全体の意味を訳しています。注意が必要なのは、なかなか現代語にうまく訳せない表現があることです。

例えば、「罷成」はもともとは「成る」の謙譲《けんじょう》語《ご》で、国語辞典を引くと、ある状態にかわる、ある状態に至る、といった意味になっています。「罷」を直訳するよりも、文章の中で流して、あるいはそのまま、罷り成るとしてあえて訳さないでいた方が、具合がいいことがあります。本書では、そうした語句のうまい訳し方については、【解説】で触れるようにしました。

続くステップ2では、「罷」のつくことばを、くずし字でいくつか集め、読んでいきます。「罷成」（そういう状態になる、至る）、「罷在」（あります、おります）、「罷有（罷在に同じ）、「罷越」（参上する）、「罷帰」（「帰る」の強調）、「罷出」（かしこまって出る、出頭する）、「罷立」（退出する、席を立つ）、「罷居」（かしこまっている）など、今日と異なり、意外と多くのことばに「罷」が使われています。「罷」は、動詞の前について接頭語的に使われることが古文書では圧倒的に多く、相手の許しを得て行動するようなニュアンスや、あらたまった丁重な言い方、相手をたてる謙譲語などとしてよく使われていました。くずし字の解読では、頻出するくずし方のものを精選していますので、定番のくずし字としてここに出てくるものを覚えるだけで、今後、皆さんが古文書の解読をすすめていく上で役立ちます。

ステップ2ではそうした類例に加え、文章中の実例を原文のまま掲載し、解読の練習ができるようにもなっています。くずし字と語句の解説、釈文、読み下し文、現代語訳を必ず載せているので、無理なく自習できるようにしました。

ステップ3では、少し長い文章を解読しながら、「罷」が付くことばを探し出し、復習することができます。語句とくずし方、文章の意味を考えて読む練習をすることが、くずし字解読の早道となります。また、意味がわかれば、読んでいて楽しくなるものです。最初は難しいとは思いますが、いろいろと想像を膨らませながら、解読に挑戦してみてください。

第1部が終わったら、第2部の古文書の解読です。はじめから全て読もうとせず、着実に第1部にある30個の語句・表現を確認してみてください。余裕が出てきたら、類例やくずし方にも目を配りましょう。すると、第2部の古文書を読むとき、文章の頭や、文末の候文の区切り方がわかってくるはずです。文のひとまとまりがわかれば、あとは個々の古文書の中身を考えながら、内容に関わる文字を読んでいけばよいのです。

それでは、早速ページをめくって、解読に挑戦していきましょう。

【凡　例】

※　本文解説中では原則として常用漢字を用いました。また、資料の字体が旧字体・正字体のものについても同様に常用漢字に置き換えましたが、適宜注釈を加え旧字体・正字体を併記しました。

※　異体字についても常用漢字を用いましたが、そのつど楷書体に作字し、大きい活字に置き換えて併記し便宜を図りました。

※　資料の「解読」および「解読文」については、助詞として用いられている変体仮名のうち、「は・者」「え・江」「も・茂」などについては、原則として漢字で小さく右に寄せて「者」「江」「茂」とし、また「と・与」「て・而」など、漢文の助辞が跡をとどめたと考えられる真仮名についても「与」「而」を用いました。

※　一般用語として変体仮名で記されているもののなかで、現在平仮名として通用されている仮名については原則として「平仮名」と記述しました。

※　「読み下し」文中の漢字には読み仮名を付しましたが、複数の読み方が考えられる場合は近世文書における最も一般的な読み仮名を付しました。

※　「現代語訳」はさまざまな訳し方が考えられますので、最もふさわしいと思われる一例を示しましたが、文脈により訳し方・文意も変わる場合がありますので、その点を留意してください。

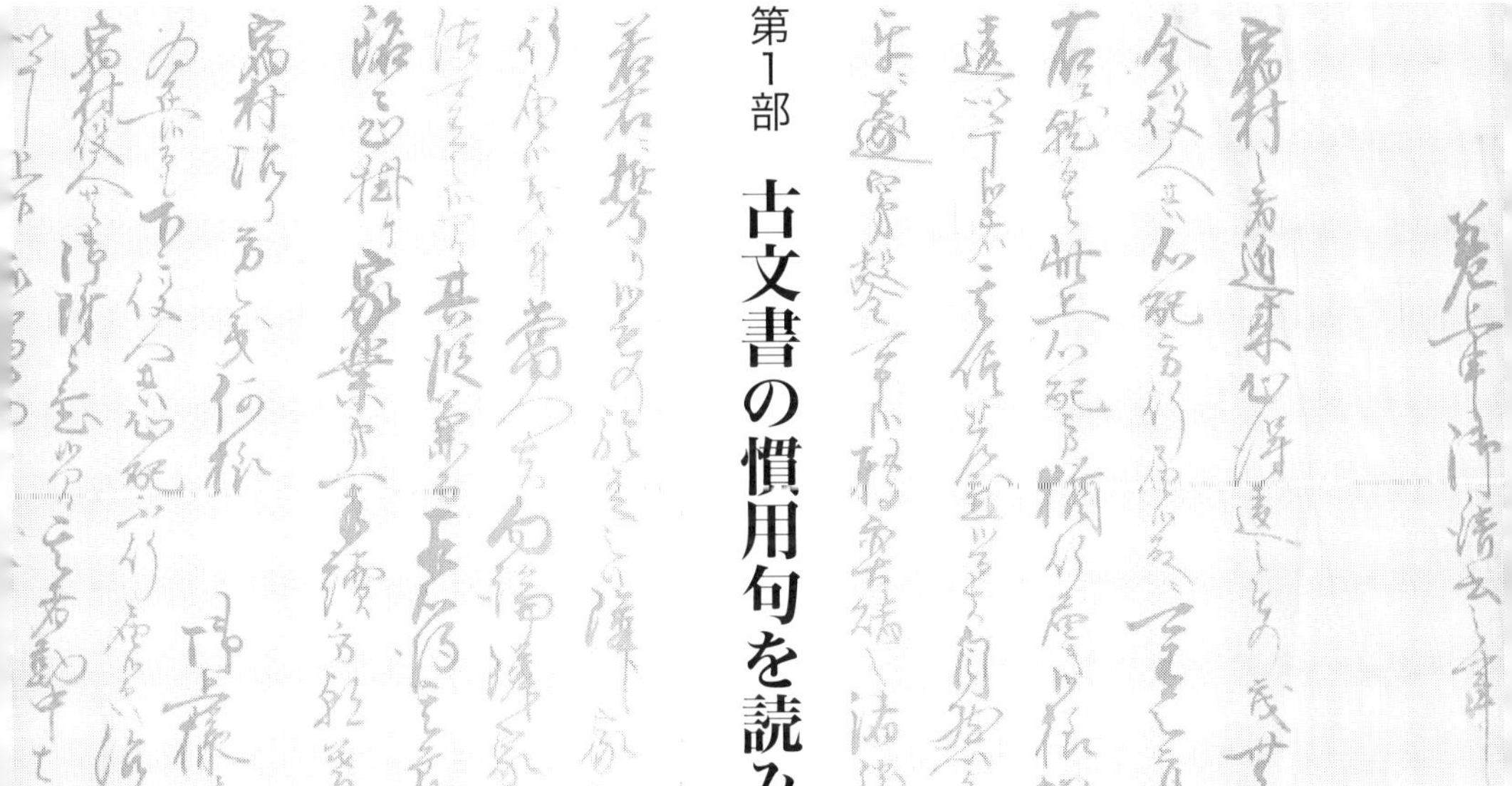

第1部　古文書の慣用句を読み解こう

1　基本的なキーワードで読み解く

§1　御座候（ござそうろう）

「～です・～でございます」

請取《うけとり》申《もうし》候《そうろう》処《ところ》実正《じっしょう》ニ《に》御座候《ござそうろう》
請けとりましたことに間違いありません。

●ステップ1――「御座候」の意味と用例を学ぼう

古文書のもっとも象徴的な言葉に「御座候」があります。まずはじめにこの言葉から説明しましょう。

「御座候」は「ござそうろう」と読みます。近世の古文書では、当然くずし字でとかと書かれます。

「御座」は本来、天子《てんし》や貴人《きじん》の席をさす尊敬語で、その席にいらっしゃることを「御《ご》座《ざ》在《あ》る」と言い、「ある」「いる」の意の、敬意の度合いの極めて高い尊敬語・丁寧語で、「いらっしゃる」「おいでになる」、あるいは「～でございます」などの意で用いられました。

この尊敬語「御座在る」の「在る」を丁寧な表現にした「候《そうろう》」に言い換えた言葉が「御座候」です。現代語で言うと「いらっしゃいます」「ございます」などにあたります。

また、文章を打ち消したり、否定するときは、「御座」に「無し」をつけて「無御座」と書き表し「ござなく」と読みます。（§2「無御座候」参照）

例文をあげて、「御座候」が文中でどのように使われているか見てみましょう。白文で掲載しましたので、送り仮名を足しながら読んでみてください。

売渡申処実正ニ御座候

【解説】「売渡」で「**売り渡し**」です。「申《もうす》」は現代語で「～します」の「ます」に相当します。「申処」を「**もうすところ**」と読んで「売り渡しますところ」と訳します。「**実正**」は「じっせい」ではなく「**じっしょう**」です。近世文書では頻出する言葉ですが、「たしかで間違いない」という意味です。したがって後半は「確かでございます」と若干丁寧に訳すと良いでしょう。

【読み下し】売《う》り渡《わた》し申《もう》す処《ところ》実正《じっしょう》に御座《ござ》候《そうろう》

【現代語訳】売り渡しますことに間違いありません（確かでございます）。

さて、具体的に実際の古文書で「御座候《ござそうろう》」のくずし方や用法などを学びましょう。

●ステップ2 ――「御座候」のくずし方と用法を覚えよう

まず、「御座候」の基本的なくずし字例を紹介します。

1字1字分解しますと、はじめに「御」ですが、比較的画数が多いくずし・から、次第に省略されて、最後はカタカナの「ツ」や「リ」のようになります。

次に、「座」ですが、「广《まだれ》」の左側に点が打たれる場合と、点が打たれない場合があります。また「广《まだれ》」がない場合は「坐」と判読します。なおは「坐」の異体字「唑」と考えられます。

最後に「候」ですが、これも「御」同様に頻繁に使われるため、それだけますます画数の省略化が進んだので様々な字体があります。やはり楷書体に近いもの、あるいは画数の多いものにはやがあり、極端に省略された字体には・・があります。頻繁に使われるために省略化がはげしく、点にまでくずされてしまうのです。

ここで、3例ほど「御座候」を含む例文を紹介します。読める部分から始めて取り組んでみてください。分からない文字は【筆法】【語釈】などをヒントにしてください。

①

【筆法】1字目は「亻《にんべん》」に「可能」の「可」で「何」、次は「様」の典型的なくずし方の一つで、2文字で「いかよう」と読みます。は右側が「攵《ぼくにょう》」で「敷」、形容詞「しく」活用で用いられる当て字です。1字上の小字「ケ」を読み落とさないように要注意。は平仮名で「とも」と読みます。は「義」と読み「儀」の当て字です。「～のこと」「～は」などの意。字母漢字(元の漢字)はそれぞれ「止」「毛」となります。

【語釈】何様＝「いかよう」と読み、何ケ様・如何様とも書きます。どのような。どんなに。六ケ敷＝形容詞「難《むずか》し」の活用形で「難しき」の当て字です。

【解読】何様之六ケ敷義御座候とも

【読み下し】何様《いかよう》の六ケ《むずか》しき義《ぎ》御座《ござ》候《そうろう》とも

【現代語訳】どんなに困難なことがありましても

②

【筆法】は「此《この》」の典型的なくずし方です。「其《その》」はなどとくずされます。は「氵《さんずい》」に「原」で「源」、「深」に類似しています。は「兵衛《べえ》」と読み、「右衛門」「左衛門」「助」「郎」などと同様に男子の名前に用いられます。は「忄《りっしんべん》」に「送」で「慥」の異体字「慥」、「たしか」と読みます。は「成」、ともくずされます。

【語釈】慥＝「たしか」と読み、確か、の意。仁＝「じん」と読み、ひと、人物。

【解読】此源兵衛と申者慥成仁ニ御座候

【読み下し】此《こ》の源兵衛《げんべえ》と申《もう》す者慥成《ものたしかな》る仁《じん》に御座《ござ》候《そうろう》

【現代語訳】この源兵衛という者は身元のしっかりした人でございます。

③

【筆法】1字目は「御」です。このくずし方については15・16ページを参照して下さい。は「往」の異体字「徃」。の1字目は語調を整えたり、強調する場合に語の前に付す接頭語で「相《あい》」と読み頻出します。2字目は「勤《つとめ》」と読みます。偏のくずしはしっかり覚えておきましょう。

の1字目は接頭語的に用いられる動詞で「罷《まかり》」と読みます。2字目は「在《あり》」です。

【語釈】往来＝「おうらい」と読み、往き帰り、道路、街道。

【解読】御往来御用向相勤罷在候義ニ御座候

【読み下し】御往来《ごおうらい》御用向《ごようむ》き相勤《あいつと》め罷《まか》り在《あ》り候《そうろう》義《ぎ》に御座《ござ》候《そうろう》

【現代語訳】街道の御用を勤めてきました。

●ステップ3 ―― 長文に挑戦

さて最後に力試しに、「**御座候**」の語句を含む、やや長い文章を読んで見ましょう。途中からですが、慣用的な文章ですから、これから何度も目にするものと思います。

始めに、「借用証文《しゃくようしょうもん》」（借金証文）の冒頭の部分を紹介します。ただいま金銭を借用することに間違いないと確認する語句に「実正《じっしょう》ニ《に》御座《ござ》候《そうろう》」という慣用句が用いられています。まず鉛筆を持って不明な所はとばして、わかる範囲で解読してみてください。それから**【筆法・語釈】**を参考に判読できなかったところを埋めていきます。とくに最後の1行が重要な慣用句ですから注意して解読してください。

①

③ ②

筆法・語釈

①は変体仮名「は」で助詞として用いられています。翻字（楷書体に書き替えること）するときは「は」とするか、右側に寄せて小さく「者」と書きます。は「無拠」で、下から「よんどころなく」と読み、しかたなく、やむを得ず、の意です。「據」は「拠」の旧（正）字体。続く「二附」は「付」の字でよくでてくる表現です。は「貴殿」。「貴」の下部「貝」がかなり省略されています。2字目「殿」のくずしには・・・・・などがあります。は「無心《むしん》」と読み、金銭や物をねだること。「心」の字体に注意。②は「聴済」で「ききずみ」と読みます。「聞済」とも書き、お聞き届け、の意。は「被成下」で「なしくだされ」と読みます。「被《る・らる》」は尊敬・受身の助動詞。～してくださり、の意。は「金子」で「きんす」と読みます。金貨や金銭の意です。「金」のくずしはとの2種類です。③は「慥二」で「たしかに」と読みます。「確かに」と同意です。は「受取」で、2字とも典型的なくずし方です。は「実正二」と書いて「じっしょうに」と読みます。「実」は旧（正）字体「實」が使用されています。右下の「二」を読み落とさないように注意してください。

印鑑が押されているのは「確かに受け取った」ことを証明する意味があります。

解読文

①右者無レ拠入用ニ附、貴殿江御無心申上
②候処、御聴済被二成下一、書面之金子只今
③慥ニ受取申候処実正ニ御座候

読み下し文

右《みぎ》は拠《よんどころ》無《な》き入用《にゅうよう》に附《つき》、貴殿《きでん》え《(へ)》御無心《ごむしん》申《もう》し上《あ》げ候《そうろう》処《ところ》、御聴《おき》き済《ず》み成《な》し下《くだ》され、書面《しょめん》の金子《きんす》、只今《ただいま》慥《たしか》に受《う》け取《と》り申《もう》し候《そうろう》処《ところ》実正《じっしょう》に御座《ござ》候《そうろう》

現代語訳

右はやむを得ない費用で、あなたから拝借したいことを申し上げたところ、お聞き届けくださり、書面の金額を今たしかに受け取りましたことに間違いありません。

§2 無御座候（ござなくそうろう）

「〜ありません」「〜ございません」

毛頭申分無二御座一候《もうとうもうしぶんござなくそうろう》
まったく不満はありません。

●ステップ1 ——「無御座候」の意味と用例を学ぼう

尊敬語「御座在る」の「在る」を丁寧な表現にした「候《そうろう》」に言い換えた言葉が「**御座候**」であることは、§1で説明しました。これを打ち消したり、否定するときは、「御座」に「無し」をつけて「**ござなく**」と言います。古文書では「無し」を「御座」の上に置いて「**無御座**」と書きます。このような下から上に返って読む文字を**返読文字**《へんどくもじ》といいます。「無御座候」は「〜ではありません」「〜でございません」の意味となります。

例文をあげて、「無御座候」が文中でどのように使われるか見てみましょう。

愚寺檀那に紛無御座候

【解説】「愚寺」は「**ぐじ**」と読み、自分の寺を謙遜していう言葉です。「**檀那**」は、「**だんな**」と読み、寺に財物を布施する信者をいい、「檀家《だんか》」ともいいます。「紛」は「まぎれ」と読みます。「御座」のうえに「無」という打消しの形容詞を置いて「まぎれござなく」と読みます。多少丁寧に表現して「〜ではありません」と訳します。

【読み下し】愚寺檀那《ぐじだんな》に紛《まぎ》れ御座《ござ》無《な》く候《そうろう》

【現代語訳】私ども寺の檀家に間違いありません。

●ステップ2 ――「無御座候」のくずし方と慣用句を覚えよう

「御座候」の否定形が「御座なく候」です。現代語訳では「〜ではございません・〜ではありません」となります。古文書では「御座」の上に形容詞「無《なし》」を置き、下から返って読みます。

「無御座候」のくずし例をあげます。「無」のくずし方に注意してみてください。

2番目の「無」がもっとも頻出する字体です。また、4番目は「座」ではなく「坐」が用いられており、5番目の「坐」は「口《くちへん》」に「坐」で「唑」という文字が使われています。これは「坐」の異体字と考えられています。

また、「無御座候《ござなくそうろう》」の上に「紛《まぎれ》」とか「一切《いっさい》」などという語が付いて、「紛無㆓御座㆒候《まぎれござなくそうろう》」「相違無㆓御座㆒候《そういござなくそうろう》」「一切無㆓御座㆒候《いっさいござなくそうろう》」「少茂無㆓御座㆒候《すこしもござなくそうろう》」「構無㆓御座㆒候《かまいござなくそうろう》」「毛頭無㆓御座㆒候《もうとうござなくそうろう》」などと用いられます。

さて、無御座候を含む例文を読んでみましょう。

①

【筆法】2字目の旁は典型的な、「阝《おおざと》」、「月」に類似しています（期・朔）。は「糸《いとへん》」に「分」で「紛《まぎれ》」。「糸《いとへん》」には他に・・・などの書き方があります。

【語釈】旦那＝正しくは檀那と書き、檀家ともいいます。僧侶や寺院に布施をする人。施主・檀越など仏教・寺院の援助者のことです。

【解読】旦那ニ紛無二御座一候

【読み下し】旦那《だんな》に紛《まぎ》れ御座《ござ》無《な》く候《そうろう》

【現代語訳】檀家であることに間違いありません。

②

【筆法】の偏は「夕」、旁は「卜」で「外」。は「よ」と「り」の合字。1字で「より」と読みます。は「少茂《すこしも》」と読みます。「少」は、最後に右上に点が打たれるところに特徴があります。は「差《さし》」で、語調を整える接頭語です。上部「羊」の書き方に注意してください。は「構《かまい》」。旁のくずし方をしっかり覚えましょう。

【語釈】ゟ＝「よ」「り」の合字。茂＝変体仮名の「も」。構＝「かまい」と読み、言いがかり、干渉、世話。常套句に「横合《よこあい》ゟ《より》少《すこし》茂《も》構《かまい》無二御座一《ござなく》候《そうろう》」（横から決して干渉しません）などがあります。
【解読】外ゟ少茂差構無二御座一候
【読み下し】外《ほか》より少《すこ》しも差《さ》し構《かま》い御座《ござ》無《な》く候《そうろう》
【現代語訳】ほかからの干渉はまったくございません。

③

【筆法】1字目は「正月」の「正」です。現在でも年賀状などで目にするくずし字です。は「亻《にんべん》」や「言《ごんべん》」にみえますが、上の文字との関連で「路」と読まなくては意味が通じません。2文字で「正路」です。は接頭語（§25）の「相」で、「扌《てへん》」に片仮名の「マ」のように書きます。は上部が「立」、下部が「内」のように書いて「冏」、つまり「商売」の「商」。は「麦」に「辶《しんにょう》」と書いて「違」の異体字「⿺辶麦」。
【語釈】正路＝「しょうろ」と読み、よこしまでない正直な行い。商内＝「あきない」と読み、商売の意。「内」は当て字。相違＝「そうい」と読み、間違いの意。奥書の常套句に「前書之通相違無二御座一候《まえがきのとおりそういござなくそうろう》」（前文の通り間違いありません）などがあります。
【解読】正路之商内ニ相違無二御座一候
【読み下し】正路《しょうろ》の商《あきな》いに相違《そうい》御座《ござ》無《な》く候《そうろう》
【現代語訳】真面目な商売に間違いございません。

●ステップ3 —— 長文に挑戦

次に、「宗門送手形《しゅうもんおくりてがた》」という古文書の前半部分を紹介します。宗門送手形とは送一札とか村送状ともいい、縁組・奉公などで村民が他村へ転居するさいに、居村の村役人が発給する送籍証明書のことです。ここにとりあげた部分は、本人の宗旨《しゅうし》つまり信仰する宗教がキリスト教ではない、ということを確認する文言《もんごん》のなかで打ち消し文の表現「**無御座候**」が用いられています。これもよく目にする文章なのでぜひ読み慣れてください。とくに「紛無二御座一候《まぎれござなくそうろう》」「聊故障之儀無二御座一候《いささかこしょうのぎござなくそうろう》」は大事な慣用句ですので、ぜひ覚えてください。

① ② ③ ④ ⑤

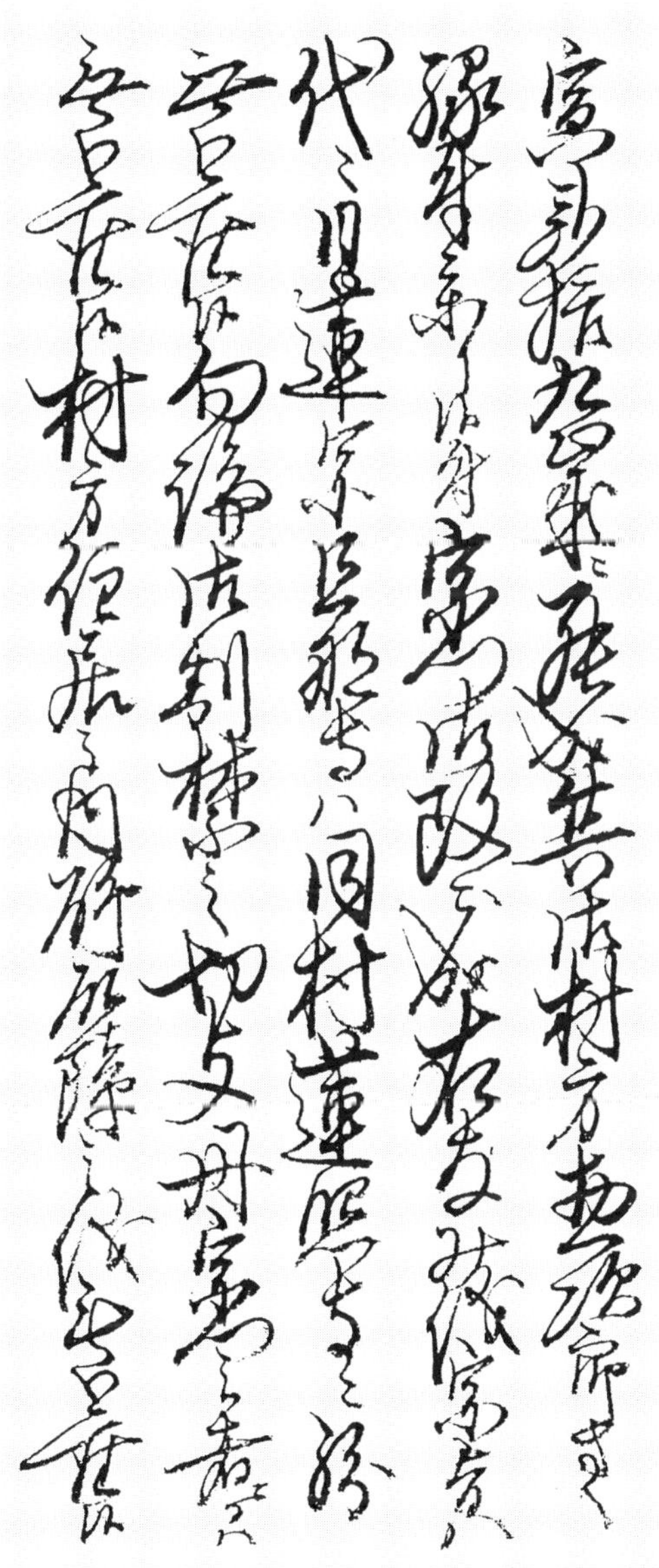

筆法・語釈

①は、上部が「止」、下部は「戚」に類似した「成」が用いられ、したがって「歳」となります。は上部の「」が「罒《あみがしら》」、下部は「能」で「罷《まかり》」と読みます。本来動詞ですが、語調を整える接頭語的に用いられています。は「其《その》」で、そちらの、の意です。「其御村方《そのおんむらかた》」はよく出る言い方です。相手方の村のこと。は「惣」。上部が「物」で、下部の「」が「心」です。②は「縁」と読みます。偏は典型的な「糸《いとへん》」。は「宗門《しゅうもん》御改《おあらため》」と読み、宗派を調べることをいいます。の1字目は受身・尊敬の助動詞「被《る・らる》」、下から「成《な》され」と読みます。は「宗旨《しゅうし》」。「旨」は異体字「㫖」が使用されています。「宗門」と同義。③は「紛《まぎれ》」。旁は「分」のくずしです。「分」までを先に一筆で書き、最後に右肩に「丶」を書き加えます。④は「勿論」。「論」の「言《ごんべん》」は典型的なくずし方。旁の形を覚えて下さい。「輪」「倫」なども同じ字体です。⑤は「亻《にんべん》」に「主」で「住」。は「聊」。偏が「耳《みみへん》」、旁は「卯」です。「いささか」と読みますが、下に打ち消しが来るときには「いささかも」とも読みます。「少しも〜ない」の意です。は「故障」で、現代とはニュアンスが異なり、差し支える問題があるという意味です。「故」は「候」に続く言葉（〜候故《そうろうゆえ》）としても頻出しますので、しっかりくずしを覚えましょう。

解読文

①寅弐拾九歳ニ罷成、其御村方惣次郎方へ
②縁付参り候付、宗門御改被レ成、右なみ儀宗旨ハ
③代々日蓮宗、旦那寺ハ同村蓮照寺ニ紛

④無㆓御座㆒候、勿論御制禁之切支丹宗門之者ニ而ハ

⑤無㆓御座㆒候、村方住居之内聊故障之儀無㆓御座㆒候

読み下し文

(当) 寅二十九歳《とらにじゅうきゅうさい》に罷《まか》り成《な》り、其《そ》の御村方惣次郎方《おんむらかたそうじろうかた》へ縁付《えんづ》き参《まい》り候《そうろう》に付《つき》、宗門《しゅうもん》御改《おあらた》め成《な》され、右《みぎ》なみ儀宗旨《ぎしゅうし》は代々日蓮宗《だいだいにちれんしゅう》、旦那寺《だんなでら》は同村蓮照寺《どうそんれんしょうじ》に紛《まぎ》れ御座無《ござな》く候《そうろう》、勿論御制禁《もちろんごせいきん》のキリシタン宗門《しゅうもん》の者《もの》にては御座無《ござな》く候《そうろう》、村方住居《むらかたじゅうきょ》の内《うち》聊《いささか》も故障《こしょう》の儀御座無《ぎござな》く候《そうろう》

現代語訳

(なみは今年) 寅年で二十九歳になり、そちらの村の惣次郎さん方へ嫁ぎますので、宗門を調べましたところ、右のなみは宗旨は先祖代々日蓮宗で、檀那寺は同村の蓮照寺に相違ありません。もちろん禁じられているキリスト教の人間ではありません。そちらの村に住むことに全く差し支えございません。

§3 候得者（そうらえば）

「～であるからには・～したならば」

病気《びょうき》等《など》差起《さしおこり》候得者《そうらえば》
病気などにかかったならば

●ステップ1 ――「候得者」の意味と候文《そうろうぶん》を学ぼう

「御座候」もそうですが、文章の最後に「候」を用いた文章を候文《そうろうぶん》といいます。現代の言葉で言いますと「です」とか「ます」にあたります。この「候」にさまざまな語彙が付いて以降の文章に接続しいろいろな意味を持ちます。たとえば、「**候得者**（そうらえば）」は、「候」に「ば」という助詞が付いた表現で、確定条件や仮定を表します。現代語では「～であるからには・～ならば」などと訳します。また、「**候得共**」は「～であるけれども」と逆説の意味を表現します。さらに「**候ハヽ**《そうらわば》」は「～であるならば」、「**候者**」は「**そうろうは**」と読む場合は「～であることは」、「**そうらわば**」と読む場合は「～であるならば」となります。例文を一つあげます。後半の文章にどのように接続するのか考えながら読んでみてください。

病気之事ニ候得者格別御不便ニ御思召被下

【解説】「不便」は「ふびん」と読み、「不憫」の当て字です。「格別」は、「とくに」という意味。「被《る・らる》」は受身・尊敬の助動詞で下の文字から先に読みます。したがって「くだされ」となります。
【読み下し】病気《びょうき》の事《こと》に候《そうら》えば格別《かくべつ》御不便《ごふびん》に御思《おんおぼ》し召《め》し下《くだ》され
【現代語訳】病気のことですからとくに不憫にお思いくださって

●ステップ2 ――「候得者」などのくずし方と慣用句を覚えよう

「そうらえば」は「候得者」という書き方と「候得ハ」や「候へハ」などがあります。変体仮名「得《え》」と、横に長く書かれる平仮名の「へ」に注意して下さい。同様に「そうらえども」も「候得共」以外に「候へ共」などとも書かれます。このような慣用の候文の例を古文書から拾って一覧にしました。

候ハヽ　そうらわば（〜であるならば）
候へハ　そうらえば（〜したならば）
候得者　そうらえば（〜であるからには）
候得共　そうらえども（〜であるけれど）
候者　そうろうは（〜であることは）

候者　そうらわば（〜であるならば）
候而　そうろう［らい］て（〜であるので）
候半　そうらわん（〜であろう）
候而者　そうろう［らい］ては（〜であるならば）
候而茂　そうろう［らい］ても（〜であっても）

さて、このような慣用の「候」を含む短文を読んでみましょう。

①

【筆法】の偏は「弓《ゆみへん》」で旁は「尓」、したがって「弥」と読みます。旧(正)字は「彌」です。は頻出の形です。上中下に3分割して考えましょう。上から「艹」「戈」「日」と書いて「暮」と読みます。意味は、生活する意の「暮らす」と、もう一つは年末の「暮《くれ》」です。ここでは当然前者です。は変体仮名の「茂《も》」。は隷書体から派生した異体字「兼」で「兼」が本字です。は「候《そうろう》」の活用語尾「え」の当て字です。偏は「氵《さんずい》」に見えますが「彳《ぎょうにんべん》」で、旁は「㝵」ですが平仮名の「る」のように書かれます。

【語釈】弥増＝「いやまし」と読み、いよいよ、ますます。兼＝「かね」と読み、他の動詞に付いて躊躇や困難・不可能の意味を表します。～することができない。

【解読】弥増日々之暮方茂出来兼候得者

【読み下し】弥増《いやまし》日々《ひび》の暮《くら》し方《かた》も出来《でき》兼候《かねそうら》えば

【現代語訳】ますます日々の生活ができなければ

②

【筆法】は「勿論」でよく出てきます。「論」の「言《ごんべん》」と旁上部の「人」のくずし方に注意して下さい。は「統」で右下は本来2本ですが、ここでは3本に書かれています。これは誤字

ですが古文書ではしばしば見られる字体です。
【語釈】一統＝「いっとう」と読み、みなみな、すべての意。
【解読】勿論村々一統之義ニ御座候得共
【読み下し】勿論《もちろん》村々《むらむら》一統《いっとう》の義《ぎ》に御座《ござ》候《そう》らえ共《ども》
【現代語訳】もちろん村々全員のことですけれど

③

【筆法】は「別」で左下の「口」が点に書かれています。は「憐」。偏が「車《くるまへん》」のように書かれていますが本来は「忄《りっしんべん》」です。旁は「隣」などの旁と同様です。
【語釈】格別＝「かくべつ」と読み、とくに、特別の意。憐愍＝「れんびん・れんみん」と読み、憐憫とも書きます。哀れむこと、情けをかけること。被下置＝「くだしおかれ」と読んで、～してください、という意味。
【解読】格別之御憐愍を以御救被二下置一候ハ、
【読み下し】格別《かくべつ》の御憐愍《ごれんみん》を以《もって》御救《おすく》い下《くだ》し置《お》かれ候《そう》らわば
【現代語訳】特別のお情けをもってお救いくだされば

●ステップ3 —— 長文に挑戦

この文書は、「質地証文《しっちしょうもん》」の後半部分です。江戸時代では、土地の売買が禁じられていましたので、年貢の納入などに窮した農民は、自分の土地を担保に地主などから借金をして納税に当てたりしました。しかし、期限（年季《ねんき》）が切れても返済できない場合には、今まで耕作してきました田畑を貸主に渡すことになります。以下の文書は、土地を担保に金銭を借用するときに作成されます「質地証文」の後半に書かれました借り入れの条件で、返済が出来なかったときは畑を貸主に引き渡す旨が記された部分です。

① ② ③

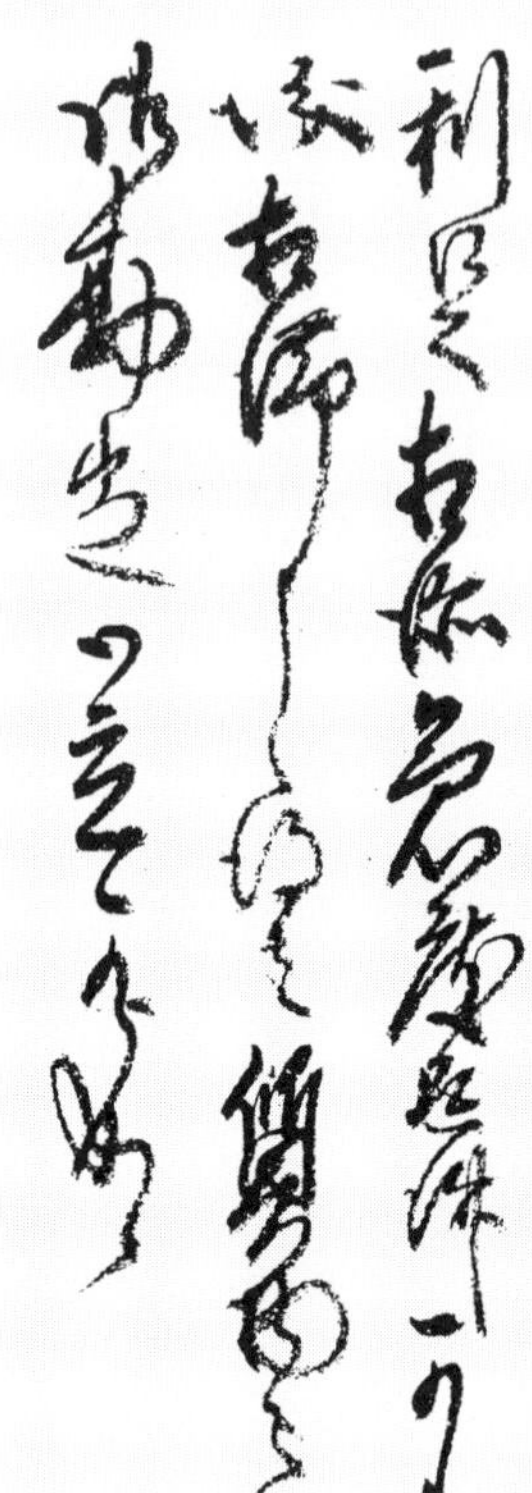

筆法・語釈

①冒頭の「利足」は「利息」の当て字です。は「急度」と書いて「きっと」と読みます。ここでは、必ず、という意味です。その他、きつく、きびしくという意味でも使われました。は2度出てきます。「返済」と読みます。とくに「済」は原型をとどめていませんが頻出しますので必ず覚えておきましょう。は「可能」の「可」で下から返って「べし」と読みます。は「申」で点に縦棒と書かれていますが、円に縦棒と書かれるもよく出てきますので一緒に覚えておいてください。②は「は」または「ば」と読む変体仮名です。字母漢字は「者」で、ここでは助詞として用いられています。の1字目は「貴」です。下の「貝」がかなり省略されて書かれます。2字目は「殿」でこれも省画が激しいので、

この形で覚えてしまいましょう。の1字目は「弓《ゆみへん》」で、「引」と読みます。次は「取」ですがというくずしもよく用いられます。③は3文字書かれています。1字目は1行目に出てきました「可」です。これは下から返って読む返読文字です。命令・当然・推量・意志などさまざまな意味を持つ助動詞で「べし」と読みます。2字目は平仮名の「ら」もしくは数字の「5」のように書かれている部分ですが、これは受身・尊敬の助動詞「被」で「る・らる」と読みます。3字目は「成」です。「なす」または「なる」と読みます。したがってこの3文字は下から「なさるべく」もしくは「ならるべく」と訓じます。

解読文

①利足相添急度返済可レ申候、万一返済之

②儀相滞申候得者、質物之畑貴殿へ御引取

③御勘定御立可レ被レ成候

読み下し文

利足《りそく》相添《あいそ》え急度《きっと》返済《へんさい》申《もう》すべく候《そうろう》、万一《まんいち》返済《へんさい》の儀《ぎ》相滞《あいとどこお》り申《もう》し候《そう》らえば、質物《しちもつ》の畑《はたけ》貴殿《きでん》へ御《お》引《ひ》き取《と》り御《お》勘定《かんじょう》御《お》立《た》て成《な》さるべく候《そうろう》

現代語訳

利息を添えて必ず返済します。もし返済が滞りましたら、質物に入れました畑をあなたが引き取って、清算なさってください。

§4 候間（そうろうあいだ）

「〜ですので」

家業《かぎょう》相勤《あいつとめ》中《もうし》度《たく》候《そうろう》間《あいだ》
家業に従事したいので

●ステップ1 ——「候間」の意味と用例を学ぼう

「候」で書かれる文章を「候文《そうろうぶん》」と言います。「〜候」と言って、つまり「…です」と一度文章が成立し、さらに原因や理由を表すときは「候」に「間」を付け「候間《そうろうあいだ》」といいます。これは現代語では「〜ですので」と訳します。このほかにも、「〜したとき」という場合は「候節《そうろうせつ》」、「〜したところ」というときはそのまま「候処《そうろうところ》」あるいは「候所」と書き表します。

「候間」の例文を白文で掲げます。とくに下から返って読む漢字（返読文字）に注意しましょう。

無油断僉議可仕旨被仰付候間

【解説】「無《なし》」「可《べし》」「被《る・らる》」は下から返って読みます。「油断」は、ここでは不注意、ぬかりがあることの意になります。§11で取り上げていますので参照して下さい。「僉議《せんぎ》」は「詮議」とも書き、評議すること。「被仰付」は、先に「仰付」を読み「被」に返ります。したがって「仰せ付けられ」で「命じられ」という意味です。

【読み下し】油断《ゆだん》無《な》く僉議《せんぎ》仕《つかまつ》るべき旨《むね》仰《おお》せ付《つ》けられ候《そうろう》間《あいだ》

【現代語訳】注意して評議するように命じられましたので

●ステップ2 ——「候間」のくずし方と「候＋α」の表現を覚えよう

「候」のくずし字については§1で例示しましたのでそちらを参照していただき、ここでは「間」のくずし方に注意してください。

字体の特徴は、「門」が平仮名の「つ」の様になり、その下に「日」がきます。「日」もかなりくずされます。「門《もんがまえ》」のくずし方は頻出しますので必ず覚えてください。「候間《そうろうあいだ》」で「…なので」と現代語訳すると適切でしょう。

この他に、「候＋α」の例をいくつか示します。

候処《そうろうところ》（…したところ　…の場合）

候由《そうろうよし》（…したとのこと　…の内容・事情）

候趣《そうろうおもむき》（…した趣旨は　…のようす）

候段《そうろうだん》（…したことは）　候ニ付《そうろうにつき》（…ので）　候旨《そうろうむね》（…のおもむきは）

ここで、2例ほど「候間」を含む例文を紹介します。自力で読んでみて下さい。

①

【筆法】の上部「ナ」の部分が「ノ」から入る典型的な筆順の「右」です。は片仮名の「ニ」に「而《しこう》して」の「而《て》」で「にて」と読みます。は接頭語の「相」、「扌《てへん》」に片仮名の「マ」のように書かれます。は偏が難しいくずしですが、頻出の形で「勤」と読みます。このままの形で覚えてしまいましょう。次のは、「もうしたく」と読み、これも頻出です。

【語釈】居宅＝住んでいる家。

【解読】右居宅ニ而家業相勤申度候間

【読み下し】右居宅《みぎきょたく》にて家業相勤《かぎょうあいつと》め申《もう》したく候間《そうろうあいだ》

【現代語訳】右の住居で家業に励みたいので

②

【筆法】の上部が「門《もんがまえ》」で下の「夕」の様に書かれている部分が「耳」です。したがって「聞」となります。の上部は「占」で「辶《しんにょう》」が付いて「迄《まで》」の異体字「迠」。は「と」と読みますが、字母漢字は「与」です。は「難」の異体字「难」です。返読文字なので、下から返っ

て「…がたし」と読みます。

【語釈】風聞＝うわさ、風評、風説の意です。聢＝「しかと」と読みます。はっきりと、たしかに。

【解読】風聞迄之儀ニ而未聢与難二相分一候間

【読み下し】風聞迄《ふうぶんまで》の儀《ぎ》にて未《いま》だ聢《しか》と相分《あいわ》かり難《がた》く候間《そうろうあいだ》

【現代語訳】噂だけでまだはっきりとは分からないので

●ステップ3 ―― 長文に挑戦

この文書は、「往来手形《おうらいてがた》」の前半部分です。江戸時代には、交通網が整備され、公用の旅行のほかに一般の人々も参詣・遊山・商用などで他国へ出かけることが、時代を下るにつれ増加しました。その際、身分を証明するために、農民は名主《なぬし》・庄屋《しょうや》など村役人や檀那寺《だんなでら》が認可した証明書が必要でした。「往来手形」の様式や、使われる用語はほぼ同様ですので、この文章・言い回しはぜひしっかり覚えてください。

① ②

③ ④ ⑤

筆法・語釈

①の偏は典型的な「貝《かいへん》」のくずしです。つくりは「刂《りっとう》」ですから「則」となり「すなわち」と読みます。の1字目は「扌《てへん》」に「出」で「拙」、次は「寺」ですから、「拙寺《せつじ》」となり、自分の寺を謙遜していう言葉です。②は§2で学習しました。もう一度復習してみましょう。の1字目を解説します。左側のが「夕」、右側のが「犬」で、下に流れる線が「灬《れんが》」になります。つまり「然」です。右下の小字「ル」を読み落とさないように。3字目のは「処」の旧字「處」の異体字「廈」のくずし字です。は分かりやすく書きますととなりますが、の方が頻出します。「此《この》」と読みます。③は1字目が「心」、次は偏が「原」で旁が「頁」で「願」の典型的なくずしです。類語が多いのでこの「頁」のくずしはぜひ覚えてください。「心願」は、心の中で神仏に願をかけることです。は本章の「候＋α」で例示しました「候ニ付」です。は「国」の旧字「國」。は、1字目の偏は「川」で、

旁はこの行の2字目「願」と同じで「頁」です。すなわち「順」となります。2字目は慣れないとなかなか読みにくいくずしですが「拝啓」の「拝」です。④1字目は「無」で下から返って読む返読文字です。したがって「相違なく」となります。「違」は異体字の「逺」が用いられています。次は「被」で受身・尊敬の助動詞「る・らる」です。3字目は「下《くだす》」ですから、下から上に返って「下《くだ》さるべく」となります。「〜してください」という意です。⑤の始めの2文字は返読文字です。1字目は「可」で「べし」と読みます。

解読文

①右之もの宗旨代々浄土宗ニ而、則拙寺
②旦那ニ紛無ニ御座一候、然ル処此度
③心願之儀有之候ニ付、四国順拝致度
④候間、国々　御関所無ニ相違一御通
⑤可レ被レ下候

読み下し文

右《みぎ》のもの宗旨代々浄土宗《しゅうしだいだいじょうどしゅう》にて、則《すなわ》ち拙寺旦那《せつじだんな》に紛《まぎ》れ御座無《ござな》く候《そうろう》、然《しか》る処《ところ》、此《こ》の度心願《たびしんがん》の儀《ぎ》これ有《あ》り候《そうろう》に付《つき》、四国順拝致《しこくじゅんぱいいた》したく候間《そうろうあいだ》、国々御関所相違無《くにぐにおせきしょそういな》く御通《おとお》し下《くだ》さるべく候《そうろう》

現代語訳

右の者の宗旨は代々浄土宗で、そして私ども寺の檀家に間違いありません。そこで、このたびかねてからの心願があって四国順拝をしたいとのこと、国々御関所を間違いなくお通しください。

§5 有之・無之（これあり・これなく）

「〜であり」・「〜ではなく」

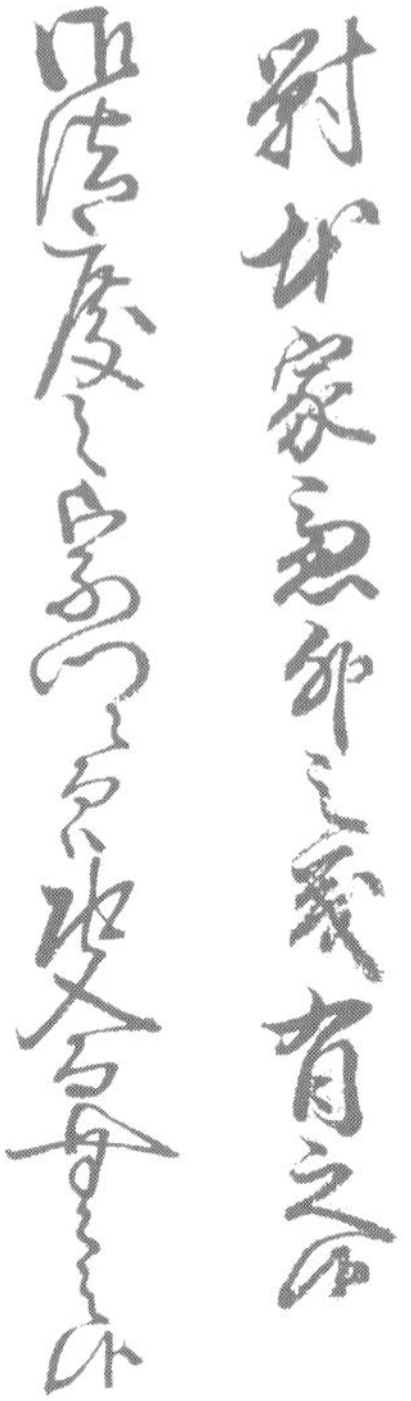

対《たいし》ニ本家《ほんけに》一慮外《りょがい》之《の》義《ぎ》有《あり》レ之《これ》候《そうろう》
本家に対し失礼なことがありました。

御法度《ごはっと》之《の》宗門《しゅうもん》ニ而《にて》ハ《は》決而《けっして》無《なく》レ之《これ》候《そうろう》
禁止の宗派では決してありません。

●ステップ1 ——「有之・無之」の使い方と用例を学ぼう

上の文章を受けて肯定の意味で「〜であり」とか、否定・打消しの意味で「〜ではなく」というとき、古文書では「**有**」や「**無**」の下に「**之**《これ》」をつけ、「**これあり**」「**これなく**」と表現します。この場合「**之**」を**置字**《おきじ》と言い、前文を指して肯定したりまたは否定し、あるいはたんに語調を整える意味で用いたりします。置字は読まなくても良いといわれますが、「〜これあり」とか「〜これなく」など と声に出して読みますと、リズムがあって、耳にも快く聞こえるようです。さて、「**有之**」「**無之**」の例文を一つずつ紹介します。声に出して読んでみて下さい。

騒立押掛り候風聞有之候

【解説】「騒立」は「さわだち」と読み、騒ぎ立てること。「押掛り《おしかか》」は攻め入ることですが、江戸時代ですので、押し入った、押しかけたぐらいの意味でしょうか。「風聞《ふうぶん》」は、うわさのことです。

【読み下し】騒立《さわだ》ち押《お》し掛《か》かり候《そうろう》風聞《ふうぶん》これ有《あ》り候《そうろう》

【現代語訳】騒ぎ立てて押しかかったという噂があります。

百姓共江相談も無之

【解説】「江」は変体仮名の「え」。方向を示す助詞で、現代の平仮名で表記すると「へ」です。

【読み下し】百姓共《ひゃくしょうども》え（へ）相談《そうだん》もこれ無《な》く

【現代語訳】百姓たちに相談もなく

●ステップ2 ――「有之・無之」のくずし方と用法を覚えよう

「有之」「無之」の典型的なくずし方を紹介しましょう。

	①	②	③	④	⑤
【有之】					
【無之】				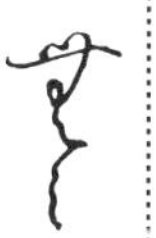	

「有」のくずしには大きく分けてとの2種類あることがお分かりかと思います。後者のは「月」のくずし字です。また、⑤のように「有」の代りに「在」も用いられます。

「之」はおおむねや、もしくはその中間のくずし方が一般的です。

「無」は「無御座候」で習いました。覚えていますか。§2をもう一度読み直してみましょう。

さて、ここで「有之（在之）」「無之」の例文を実際の古文書から採字しましたので、腕試しに解読してみてください。

①

【筆法】は「再」の異体字「冉」。は「催」で旁の下部が「主」のように書かれます。は「茂」で変体仮名「も」。ここでは助詞として用いられています。は「義」で「儀」とも書きます。「～のこと」などと訳します。

【語釈】ニ付＝「～ので」と訳すと良いでしょう。

【解読】再三催促茂有レ之候義ニ付

【読み下し】再三催促《さいさんさいそく》もこれ有《あ》り候《そうろう》義《ぎ》に付《つき》

【現代語訳】再三催促がありましたので

②

【筆法】は「者」で変体仮名の「は」。ここでは助詞として用いられています。は「拠」の旧（正）字体「據」です。は「用」ですが、しばしば第1画目の縦棒が省略されます。

【語釈】義＝ここでは「～は（が）」と訳します。無拠（據）＝下から「よんどころなく」と読みます。しかたない・やむをえない、の意。

【解読】翌日者拙者義無レ拠用事在レ之

【読み下し】翌日《よくじつ》は拙者《せっしゃ》義《ぎ》拠《よんどころ》無《な》き用事《ようじ》これ在《あ》り

【現代語訳】翌日は私がやむをえない用事がありまして

③

【筆法】は「走《そうにょう》」に「取」で「趣」。は「扌《てへん》」もしくは「木《きへん》」に書かれていますが「忄《りっしんべん》」の誤記で「恨」と読みます。は「済」で、頻出文字ですので必ず覚えてください。

【語釈】自今＝「じこん」と読み、今より後、以後の意味。意趣意根＝「意根」の「意」は「遺」、「根」は「恨」の誤用。ただし、近世ではよくみられる書き方です。忘れがたいうらみ。熟談＝よくよく相談すること。内済＝「ないさい」と読み、訴訟に持ち込まず内々で問題を解決し和解すること。

【解読】自今意趣意（遺）根（恨）無レ之熟談内済仕候

【読み下し】自今《じこん》意趣《いしゅ》意根《いこん》これ無《な》く熟談《じゅくだん》・内済《ないさい》仕《つかまつ》り候《そうろう》

【現代語訳】今後は恨みを持たず、相談のうえ和解しました。

●ステップ3 —— 長文に挑戦

最後に「無レ之」の慣用句を含む長文を解読してみましょう。

この文章は、「五人組帳前書《ごにんぐみちょうまえがき》」の冒頭の一条です。「五人組帳」は今日まで伝えられることが多く各地の資料館などで保存されていますので、ぜひこの全文は文意も含めて、しっかりマスターしてください。

① ② ③

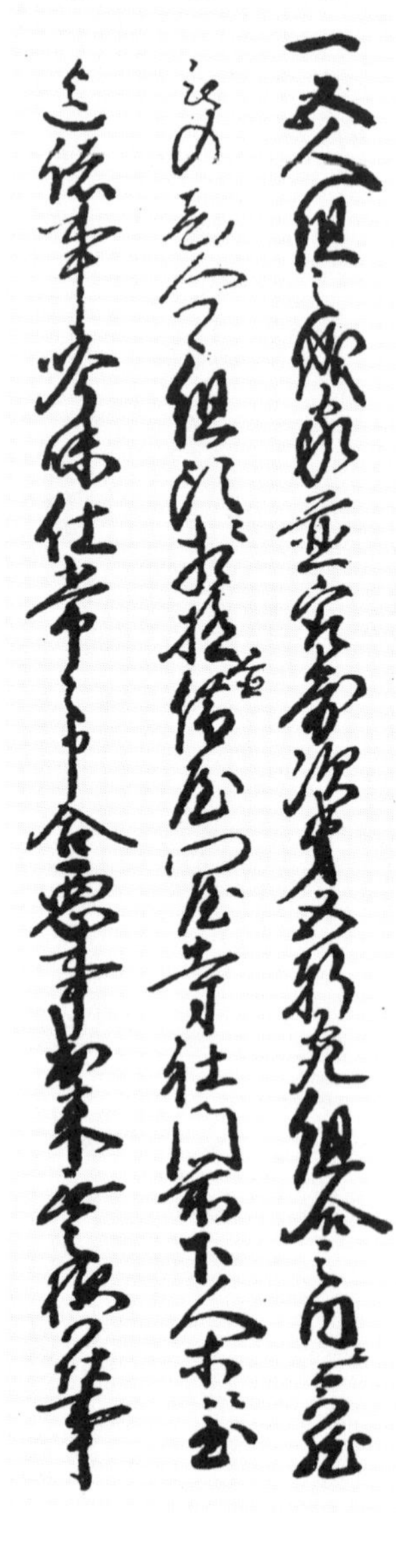

筆法・語釈

①最初の「一」は箇条書きの「一」で、「ひとつ書き」といい、「一、……、一、……」と条文が続いていきます。は典型的な「家」のくずしですが、「宀《うかんむり》」の「冖」から筆が入り、上の点から下部「家」の縦画を次に書きます。は「最」の異体字「冣」。は「軒《けん》」、「車《くるまへん》」と「斤《おのづくり》」のくずし方に注意。は「可＋然」で下から「しかるべき」と読みます。適切な。

②は「組頭《くみがしら》」と読み、村役人で名主（庄屋）を補佐する役名。「頭」の旁「頁」の字体に注意。は「極」で「きめ」と読みます。右下に「置《おき》」が書き足されています。は「門屋《かどや》」と読み、「門百姓《かどびゃくしょう》」ともいい、主家に耕地などを与えられますが、まだ独立していない隷属的な百姓のこ

とです。は「寺社門前」と読み、寺社の門前に住む人をさします。「門」の字体を4文字上の「門」と比較してください。は「等」の異体字「才」。③は「迄」の異体字「迠」。は「出来」で「しゅったい」と読みます。物事が起こることをいいます。

解読文

① 一、五人組之儀、家並最寄次第五軒宛組合之内ニ而、可レ然

② もの壱人ツヽ組頭ニ相極置、借屋・門屋・寺社門前・下人等ニ至

③ 迄、諸事吟味仕、常々申合、悪事出来無レ之様可レ仕事

読み下し文

一《ひとつ》、五人組《ごにんぐみ》の儀《ぎ》、家並《いえな》み最寄次第五軒宛組合《もよりしだいごけんずつくみあわ》せの内《うち》にて、然《しか》るべき者一人《ものひとり》ずつ組頭《くみがしら》に相極《あいき》め置《お》き、借家《しゃくや》・門屋《かどや》・寺社門前《じしゃもんぜん》・下人等《げにんなど》に至《いた》る迄《まで》、諸事吟味仕《しょじぎんみつかまつ》り、常々申《つねづねもう》し合《あ》わせ、悪事出来《あくじしゅったい》これ無《な》き様《よう》仕《つかまつる》るべき事《こと》

現代語訳

一つ、五人組の件は、並んでいる家を五軒ずつ組み合わせて、適切な者を一人ずつ組頭に決め、借屋・門屋・寺社門前の者・下人などにいたるまで、もろもろのことを監督し、常日頃申し合わせて、悪事が起きないようにしなさい。

「五人組帳前書」には、このようにまず、近隣五軒程度で組を作り、犯罪の防止や年貢の納入などを五人組の責任で納めるように規定しましたが、実際の処罰の適用例が史料に残されていることはあまりありません。

§6 之儀・之義（のぎ）

一言《いちごん》之《の》儀《ぎ》申《もうす》間《ま》敷《じく》候《そうろう》
一言も申しません。

「〜のこと・〜について」

●ステップ1 ——「之儀・之義」の意味と用例を学ぼう

古文書では「此上如何様之儀《このうえいかようのぎ》」とか、「右之趣《みぎのおもむき》」「甚難儀之由《はなはだなんぎのよし》」などと、前の文章を受けて次へ続くとき、「**之儀**」「**之由**」という表現を用います。現代の言葉でいえば、〜のことは、〜の様子、などにあたります。冒頭に上げました3例は、現代の表現でいえば「この上どのようなことが」「右の趣旨は」「とても困っている様子」ほどの意味です。この他に同様の表現に「**〜之段**《のだん》（〜のこと）」「**〜之旨**《のむね》（〜の趣旨）」「**〜之節**《のせつ》（〜のとき）」「**〜之砌**《のみぎり》（〜のおり、〜のとき）」などがあります。なお、「之義」は「之儀」と全く同様な使われ方をしますが、正しくは「**之儀**」と書きます。

それでは、例文を掲げますので特殊な文字や返読文字などに気を付けて読み下してください。

私儀幼年之砌ゟ右躰之儀一切不仕

【解説】「幼年之砌」は「ようねんのみぎり」、と読み、幼いときの意。「ゟ」は「より」の合字です。「躰」は「体」の異体字ですが、多くの場合「てい」と読みます。「不」は打消しの意の助動詞ですから下の文字から読みます。つまり「つかまつらず」となります。

【読み下し】私《わたくし》儀《ぎ》、幼年《ようねん》の砌《みぎり》より右体《みぎてい》の儀《ぎ》一切《いっさい》仕《つかまつ》らず

【現代語訳】私は幼いときから右のようなことはまったくしません。

●ステップ2 ――「之」のくずし方と「之＋α」の表現を覚えよう

「之」のくずし方を何通りか紹介します。

字体の特徴は、だんだんくずれていくと次第に平仮名の「し」の様になります。これは「し」の字母漢字が「之」であるから当然のことですね。「之儀」をはじめ「之＋α」のくずし字例を掲げます。いずれも頻出の表現です。現代語訳しづらい場合がありますが、語調といっしょに慣れてしまいましょう。

之儀（…のことは）

之義（…のことは）

之趣（…の様子）

之由（…の事情）

之段（のこと・の件）

之旨（…の様子）

之節（…のとき）

之砌（…のおり）

ここで、2例ほど例文を紹介します。分かる部分だけでも読んでみましょう。

①

【筆法】は「当」の典型的なくずし字です。は「朔」の異体字「[illegible]」。は「貴殿《きでん》」と読みます。とくに「殿」はかなりくずされた字体ですので注意してください。

【語釈】朔旦＝一日《ついたち》の朝。糺＝「ただし」と読み、糾明すること。問うて確かめること。

【解読】当十月朔旦貴殿方ゟ右之趣御糺之儀

【読み下し】当十月朔旦《とうじゅうがつさくたん》貴殿方《きでんかた》より右《みぎ》の趣《おもむき》御糺《ただ》しの儀《ぎ》

【現代語訳】今年十月一日の朝、あなたから右の様子についての問い合わせは

②

【筆法】の上部が「山」で下部は踊り字、したがって「山＋山」で「出」となります。の上部は「上」、つまり「旨」の異体字「[illegible]」。

【語釈】理不尽＝道理に合わないこと。出入＝「でいり」と読み、もめごと、の意。

【解読】理不尽出入之旨申立奉二出訴一

【読み下し】理不尽《りふじん》出入《でい》りの旨申《むねもう》し立《た》て出訴《しゅっそ》奉《たてまつ》り

【現代語訳】道理に合わないもめごとの趣旨を申し訴え出て

●ステップ3 ―― 長文に挑戦

この文書は、年貢上納に窮し、田畑を質に入れてでも年貢金を用立てたくても、村中が逼迫しているためそれも出来ず、他村に救援を求めるため役所に訴え出た願文の一部分です。字体はごく普通のお家流ですのでぜひチャレンジしてみてください。

①②③④

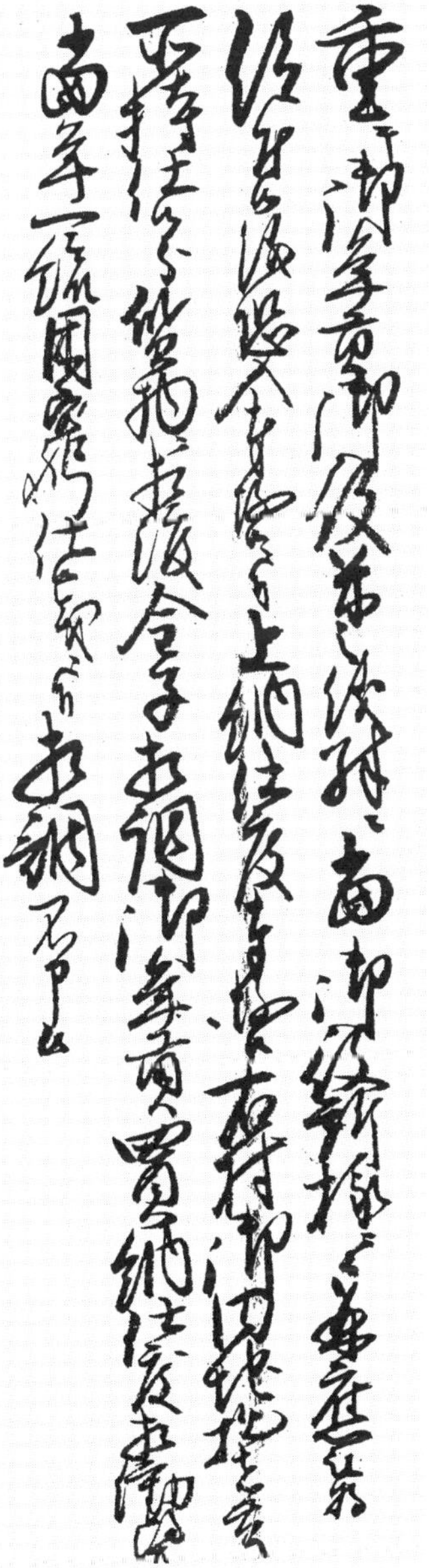

筆法・語釈

①の偏は「歹」のくずしです。旁は「朱」ですから「殊」となります。は「再」の異体字で楷書体では「冄」となります。「再応」で再びという意味です。は「被為」で次の行の冒頭「仰付」を先に読み、「仰せ付けなされ」と下から上に返って読みます（§16参照）。「ご命じなされ」という意味です。②は「～したい」という意味で用いられる接尾語「度」です。「たし」と読み、したがって「仕度」で「つかまつりたく」と読み、～したく、という意

味です。の1字目は「扌《てへん》」に「出」で「拙」、次は「者」ですから「拙者《せっしゃ》」となります。③は「所」と読みます。の1字目は語調を整える接頭語の「相」です。次は「言《ごんべん》」に「周」で「調」となります。「ととのえる」と読みますが、ここでは金子《きんす》を調達することです。④は「一統《いっとう》」と読みます。みんな、すべて、という意味です。「統」の右下が3本になっています。これは誤字ですが、古文書ではよく出てくる字体です。

解読文

①重キ御年貢御役米之儀、殊ニ当御役所様ニ而再応被ㇾ為二

②仰付一候儀恐入奉ㇾ存候ニ付、上納仕度奉ㇾ存候、右村御田地拙者共

③所持仕候分質物ニ相渡、金子相調御年貢買納仕度相働候得共、

④当年一統困窮仕候義ニ付相調不ㇾ申候

読み下し文

重《おも》き御《お》年貢《ねんぐ》御役米《おやくまい》の儀《ぎ》、殊《こと》に当《とう》御役所様《おやくしょさま》にて再応《さいおう》仰《おお》せ付《つ》けなされ候《そうろう》儀《ぎ》、恐《おそ》れ入《い》り存《ぞん》じ奉《たてまつり》り候《そうろう》に付《つき》、上納《じょうのう》仕《つかまつ》りたく存《ぞん》じ奉《たてまつ》り候《そうろう》、右村《みぎむら》御田地《おでんち》拙者共《せっしゃども》所持《しょじ》仕《つかまつ》り候《そうろう》分質物《ぶんしちもつ》に相渡《あいわた》し、金子《きんす》相調《あいととの》え御《お》年貢《ねんぐ》買納《かいのう》仕《つかまつ》りたく相働《あいはたら》き候《そう》らえ共《ども》、当年《とうねん》一統《いっとう》困窮《こんきゅう》仕《つかまつ》り候《そうろう》義《ぎ》に付《つき》相調《あいととの》い申《もう》さず候《そうろう》

現代語訳

重要なお年貢お役米のこと、とくにこちらのお役所には何度も命じられて恐縮に存じますので上納したいと存じます。右の村の田地で私どもの所持している分を質に入れてお金を用立て、年貢米を買って納めようと努力しましたが、今年は村中が窮地にあって調えることができません。

§7 ニ而（にて）

「〜で・〜ので」

同人身持不埒ニ而《どうにんみもちふらちにて》
本人の品行が悪いので

●ステップ1 ——「ニ而」の意味と用例を学ぼう

複数の助詞が結合して接続詞的に用いる言葉に付いて説明しましょう。「ニ而」という言葉があります。「ニ」も「而」も助詞で、**「にて」**で、第一の意味として「どこどこ」とか「いついつ」などと、場所や時を指示します。例えば、「往来ニ而《おうらいにて》」とか「問屋場ニ而《といやばにて》」などと用います。二つ目の用法としては、手段や方法を示します。これも例をあげますと「鎗刀等ニ而《やりかたななどにて》」つまり槍や刀で、と手段をさしています。最後に、もっとも注意していただきたい用法ですが、原因や理由を示します。例えば、「御大名様方御倹約ニ而被レ下候物相減《おだいみょうさまがたごけんやくにてくだされそうろうものあいへり》」などと、「下され物」が減った理由を述べるのに「にて」が使われているわけです。このほかに、「此者代々禅宗ニ而《このものだいだいぜんしゅうにて》」などと、断定の助動詞「なり」の活用形「に」に接続の助詞「て」がつく用法もあります。

また、「而」は変体仮名ではなく、漢文の助辞が跡をとどめた真仮名といわれます。「決而」の「而・て」や「兼而」の「而・て」と同様です。

それでは、例文を掲げますので読み下してください。

未進百姓之内三人籠舎可被仰付由二而

【解説】「未進」は「みしん」と読み、期限が来ても年貢を納めないこと。「籠舎」は「ろうしゃ」と読み、「牢舎」とも書きます。犯罪人として牢屋に入れられることです。

【読み下し】未進《みしん》百姓《びゃくしょう》の内《うち》三人《さんにん》籠舎《ろうしゃ》仰《おお》せ付《つ》けらるべき由《よし》にて

【現代語訳】年貢を納めない百姓のなかで三人が籠舎を命じられるとのことなので

●ステップ2 ――「二而」のくずし方を覚えよう

古文書では「二而」は、右に寄せて小さく書かれることが多いので読み落とさないように気をつけましょう。では「二而」のくずし方を何通りか紹介します。

「二而」の上にさまざまな言葉がついて場所や手段・方法、あるいは原因などを表します。

不作二而

証文二而

居宅二而

立合二而

同道ニ而

病気ニ而

村方ニ而

内々ニ而

ここで2例ほど例文を紹介します。解説であげた用法のどれにあたるか考えながら読んでみて下さい。

①

【筆法】は「与《よ》」と読みます。後半に出てきますと字体を比較してください。は「得与」で「とくと」と読みます。しっかりと、よくよく、という意味です。他に「篤与」とか「与得」などとも書きます。は「究」で「決」と同意です。「決」はあまり使われず、「極」が使われることが多いようです。また下半分の「九」が「丸」に成っていますからこれは「究」の異体字「究」となります。

【語釈】得与＝よくよく、念を入れて。

【解読】与右衛門弁ニ妻立合之場所ニ而得与相究申候

【読み下し】与右衛門《よえもん》弁《ならび》に妻立合《つまたちあ》いの場所《ばしょ》にて得《とく》と相究《あいき》め申《もう》し候《そうろう》

【現代語訳】与右衛門と妻が立ち会う場所でしっかり決めました。

②

【筆法】は「常」ですが、下部は「道」のくずしに類似しています。最初の入り方に注意し

て見分けましょう。は「不精」ですが、「無精」とも書き、「ぶしょう」と読みます。

【語釈】不精＝精を出さないこと。平生＝「へいぜい」と読み、ふだん、ひごろ。身持＝普段の行いや品行。

不埒＝「ふらち」と読み、道に背くこと、不届きなこと。

【解読】兵右衛門儀常々農業不精ニ而平生身持不埒ニ付

【読み下し】兵右衛門《へいえもん》儀《ぎ》常々《つねづね》農業《のうぎょう》不精《ぶしょう》にて平生《へいぜい》身持《みも》ち不埒《ふらち》に付《つき》

【現代語訳】兵右衛門はいつも農業に精を入れず普段から品行が良くないので

●ステップ3 ―― 長文に挑戦

この文書は、夏の旱魃で作柄が悪く、さらに秋も天候の不順で不作になってしまい、食料が底を突いてしまったということで、役所に御救米《おすくいまい》を要求した願書の前半部分です。字体はごく普通のお家流です。

① ② ③

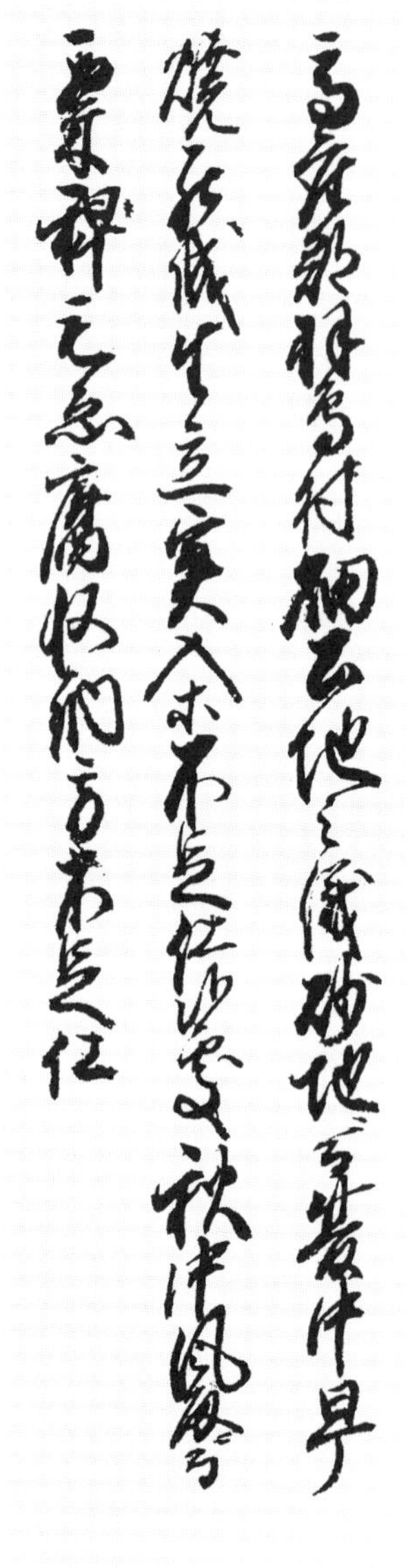

筆法・語釈

①は「高座郡《こうざぐん》」と読み、神奈川県中南部に位置しています。「高」は上の点がなければ「馬」のくずし字になります。は「羽鳥村《はとりむら》」と読み、現在の神奈川県藤沢市内。は「夏」の異体字「叓」です。は「旱」の異体字で日に丁と書かれています。②は「罷《まかり》」と読み、動詞などに冠して、語調を整えたり、強調する場合に用いる動詞ですが、このように接頭語的にも用いられます。は片仮名の「小」の様に書かれていますが「等」の異体字「才」です。③は初めの2文字が平仮名で「もゑ」、3字目は「腐」で、「萌《も》え腐《くさ》り」となります。水害などで稲が腐ることをいいます。

解読文

①高座郡羽鳥村畑土地之儀、砂地ニ而夏中旱
②焼罷成、生立実入等不足仕候処、秋中風雨ニ而
③粟稗もゑ腐、収納方不足仕

読み下し文

高座郡《こうざぐん》羽鳥村《はとりむら》畑《はたけ》土地《とち》の儀《ぎ》、砂地《すなち》にて夏中《なつじゅう》旱《ひでり》焼《やけ》罷《まか》り成《な》り、生立《おいた》ち実入《みいり》等《など》不足《ふそく》仕《つかまつ》り候処《そうろうところ》、秋中《あきじゅう》風雨《ふうう》にて粟稗《あわひえ》萌《も》え腐《くさ》り、収納方《しゅうのうかた》不足《ふそく》仕《つかまつ》り

現代語訳

高座郡羽鳥村の畑地は、砂地で夏中日照りで焼けて、稲の生育が悪く実が入らないことが多いのにつけ、秋中は風雨で粟や稗まで水につかって腐り、取り入れが不足してしまいました。

2 頻出するキーワードで読み解く

§8　可申（もうすべく）

「申します・〜します」

書付致二判形一置可レ申候《かきつけはんぎょういたしおきもうすべくそうろう》
書付に捺印します。

●ステップ1 ――「可申」の意味と用例を学ぼう

たいていの古文書の中で使われる表現として、「**可申**」という言葉があります。「**可申**」は「**もうすべし**」と下から返って読みます。近世の古文書ではやと書かれます。この「**可申**」は、例えば「可レ申事」や「可レ申候」とあとに言葉が続くような場合は、「もうすべきこと」「もうすべくそうろう」と、語尾が活用して読みが変化します。

「**申**」という言葉は「言う」の謙譲語としての意味があります。「**可**」は文法的にみると、予定を意味する助動詞で、近い将来行われることを表現する言葉です。そうすると「可申」は「（これから）申します」と訳せます。しかし、「**申**」には補助動詞としての意味もあります。改まった気持ちで丁寧に表現する場合に使われる言葉として、動詞のあとにつきます。そのため「言う」という意味で「可申」は訳せない場合があります。

少し難しく感じるかもしれませんが、例文を参考に、「**可申**」が実際にどのように使われているか確認しましょう。白文に送り仮名などを加えながら読んでみましょう。

然上者当村人別帳面相除可申候

【解説】「然上者」は「**しかるうえは**」と読みます。「そうであるならば」という意味です。「**人別帳面**」とは宗門人別帳のことです。本来は、村人の誰がどこの寺の檀家であるかを記した帳簿でしたが、現在の戸籍と同じような役割を果たしました。「**相除**」は「**あいのぞき**」です。宗門人別帳から記載を除くとの意です。ここの「**可申**」は、帳面から除くことを「申した」という意味でなく、「**除**」を補助する言葉で「(これから)除きます」と訳します。「**可**《べし》」は予定を意味する助動詞なので、厳密に考えれば、この史料を書いている段階ではまだ除かれていないが、今後は除きます、との意味です。

【読み下し】然《しか》る上《うえ》は当村人別帳面《とうそんにんべつちょうめん》相除《あいのぞ》き申《もう》すべく候《そうろう》

【現代語訳】そうであるならば、当村の宗門人別帳から除きます。

次に、実際の古文書から、「可申」のくずし字や用法を学びましょう

●ステップ2 ――「可申」のくずし方と用法を覚えよう

「可申」の基本的なくずし字例を紹介しましょう。

①

②

③

④

「申」は、丸に縦棒のくずしでほぼ同じです。最初は「中」と読みたくなるかも知れませんが、この形はすべて「申」であると言ってもよいくらいです。「可」にはさまざまなくずし方がありますので、それを確認して下さい。基本は①のように片仮名の「マ」のようなくずしが一般的です。また②のように横棒に点という形もあります。他に④のように点に平仮名の「の」のようなくずしもあります。また、これは変体仮名の（か）と同じ形です。「可」は命令や当然の意味で用いられる助動詞で、頻繁に使われる言葉なのでくずしの種類も多くあります。

では例文を参考に実際のくずし字を読んでみましょう。

①

【筆法】は「趣」で「おもむき」と読みます。この字は「取」に「走」が組み合わさった字で、「取」のくずしが読めると、全体の字が想像しやすくなります。は「相用ひ」で「あいもちい」と読みます。「用」は、字の左側の縦棒が省略されたくずしとなっているのが特徴です。は「悪事《あくじ》」と読みます。平仮名の「る」を書きそのまま筆を下におろすようなくずしは「事」の典型的なくずしです。は「相守《あいまもり》」です。「守」のくずしは「寺」と類似しています。合わせて覚えてください。

【語釈】相用＝「相」は語調を整えたりする目的で動詞の上につく接頭語で、江戸時代の古文書などに非常に多く使われる表現です。ここでは「用」いるという動詞に付いて「あいもちい」と読みます。

【解読】右之趣末々相用ひ悪事無レ之様ニ相守可レ申候

【読み下し】右《みぎ》の趣《おもむき》末々《すえずえ》相用《あいもち》い悪事《あくじ》これ無《な》き様《よう》に相守《あいまも》り申《もう》すべく候《そうろう》

【現代語訳】右の趣旨をのちのちまで理解し、悪事が無いように、（法令の）趣旨を守りなさい。

②

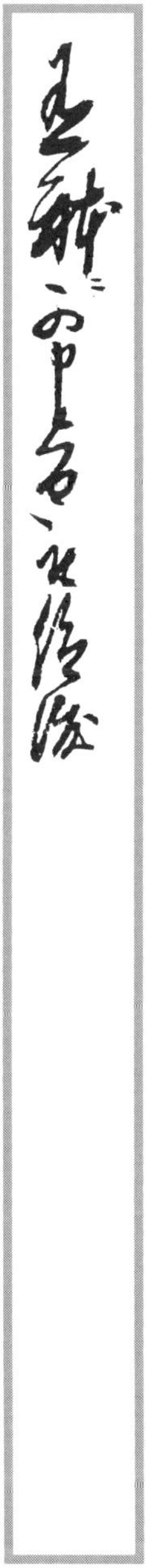

【筆法】は「有躰《ありてい》」で、ありのままの意です。§5でも取りあげました「有」は、一見すると「辶《しんにょう》」のようにも見えますが、「月」の中の2本の横棒をくずすとこのような形になります。ただし「月《つきへん》」はこのような形でなく、（腰）のように左の縦棒が省略される形になりますので、気をつけてください。「体」は異体字の「躰」のくずし字が用いられています。「申」の下は「旨」になります。は「被仰渡」です。「仰」が読みづらいかもしれませんが、「渡」は「氵《さんずい》」に「度」のくずしです。「被」も、このくずしはよく見られる典型的なものです。古文書は1字が読めなくても、前後のわかる字から想像すると読めることが多いのです。

【語釈】被仰渡＝「おおせわたされ」と読み、おっしゃられた、命じられたの意味です。命じた対象に対して敬意を表す言葉で、非常に多く使われます。

【解読】有躰ニ可レ申旨被二仰渡一

【読み下し】有体《ありてい》に申《もう》すべき旨《むね》仰《おお》せ渡《わた》され

【現代語訳】ありのまま申すように命じられ

●ステップ3 —— 長文に挑戦

次の文書は、「年貢《ねんぐ》割付《わりつけ》《わっぷ》状《じょう》」と呼ばれた、毎年領主から村に下された徴税令書の一部です。通常、村全体の田畑等級や反別、屋敷地などに応じて支払うべき年貢額（米とお金など）が記され、最後に支払いの期限が示されています。また支払えない場合は処罰を命じるとあり、支配するものとされる者との関係性がうかがい知れます。

① ② ③ ④ ⑤

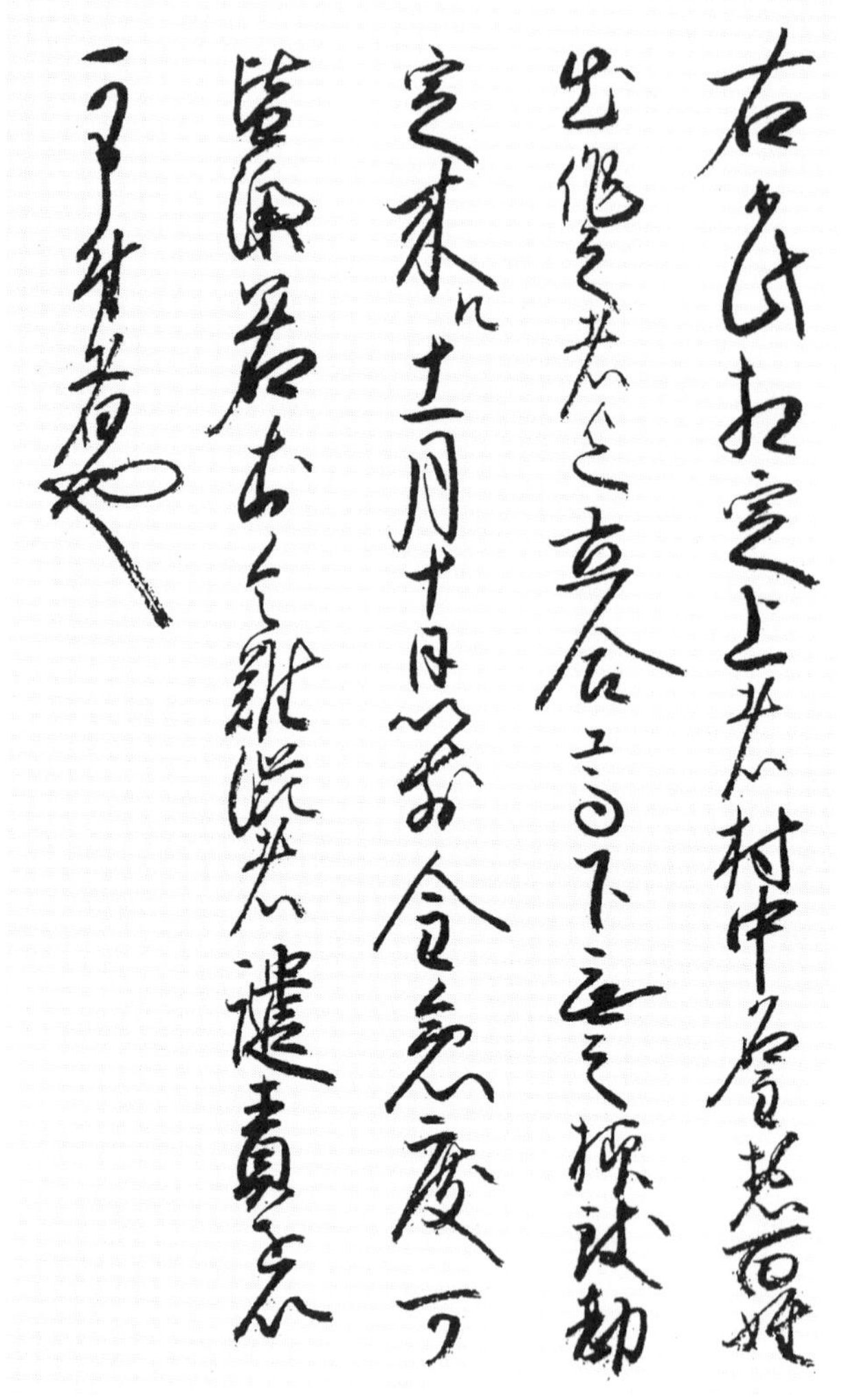

筆法・語釈　①は「**如此**」で「**かくのごとく**」と読み、このように、以上のように、の意味です。この例のように、「**如**」を小さくくずす場合があります。は「**相定上者**」で、

「あいさだむるうえは」と読みます。②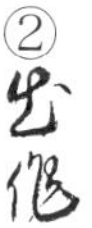は「出作《でさく》」と読み、住んでいる村とは違う村に耕作地を持つ者のことです。「出」のくずしには、などがあります。右上の点が特徴です。は「迄《まで》」です。この字は異体字「迠」が書かれています。筆の最後が右から左に走る部分が「辶《しんにょう》」の典型的なくずしになります。は「致《いたす》」で、下から戻って読むことが多い言葉です。この場合は「勘定致し《かんじょういたし》」と読みます。④は「皆済《かいさい》」で、年貢などの完納を意味します。「済」は旧（正）字の「濟」をくずした字です。は「若於令難渋者」で、「もし難渋《なんじゅう》せしむるにおいては」と読みます。これは「もし…であれば」の仮定法の表現です。「於《おいて》」は現在の平仮名の「お」の字母です。は「譴責《けんせき》」です。厳しく責めることを意味します。⑤は「可申付」で「申し付くべき」と読みます。は「者也」で、「ものなり」と読み、～するものであると訳します。「也」が平仮名の「や」に見えます。これも「也」が「や」の字母であるためです。「者也」の表現は、武士階級の者が、百姓などに命令・決定する文書類に多く使われる言い切りの表現です。

解読文

①右如レ此相定上者、村中名主・惣百姓・
②出作之者迄立合高下無レ之様致二勘
③定一、来ル十一月十日以前金（全カ）急度可二
④皆済一、若於レ令二難渋一者、譴責を以
⑤可二申付一者也

読み下し文

右此《みぎかく》の如《ごと》く相定《あいさだ》む上《うえ》は、村中《むらじゅう》名主《なぬし》・惣百姓《そうびゃくしょう》・出作《でさく》の者迄《ものまで》立《た》ち合《あ》い、高下《こうげ》これ無《な》き様勘定《ようかんじょう》致《いた》し、来《きた》る十一月十日《じゅういちがつとおか》以前全《いぜんすべ》て急度皆済《きっとかいさい》すべし、若《も》し難渋《なんじゅう》せしむるに於《お》いては、譴責《けんせき》を以《もって》申《もう》し付《つ》く（ける）べき者也《ものなり》

現代語訳

右のように決定した上は、村中の名主や惣百姓、出作の者まで立ち合い、（人によって年貢を）上げたり下げたりしないように勘定し、十一月十日までにすべて必ず年貢を支払いなさい。もし年貢の支払いが出来ない場合には、厳しく責めて処罰を申しつけるものである。

§9 不残（のこらず）

「すべて・全員」

私《わたくし》共《ども》不レ残《のこらず》打寄《うちより》御《ご》披露《ひろう》御《ご》宥免《ゆうめん》
私共全てが集まりご披露がゆるされ

●ステップ1 ――「不残」の意味と用例を学ぼう

「不残」は「のこらず」と下から返って読みます。近世の古文書ではやとくずします。これは「すべて」の意味です。否定を意味する「不」には、さまざまな用法があります。「不レ洩」（もれず＝もれがない）、「不レ申」（もうさず＝言わない）、「不レ少」（すくなからず＝少なくない）、「不レ苦」（くるしからず＝差し支えない）などがあります。これらの言葉は、下に言葉がつくことで語尾の活用が変化します。たとえば「不レ残様」（のこらざるよう）や「不レ申事」（もうさざること）のように読みます。「不」は平仮名の「ふ」の字母であるため、「ふ」と書いている場合もあります。慣例としてこのような場合でも漢字の「不」として、古文書の釈文として記す場合が多いです。

それでは、白文に送り仮名を加えながら読んでいきましょう。

田方不残水腐仕歎ヶ敷奉存候

【解説】「田方」は「たかた・たがた」と読み、田んぼのことを意味します。類語として畑を意味する「畑方《はたかた》」があります。「水腐」は「みずくされ」と読みます。洪水などで田の稲に大量の水がかかって腐る状態をさします。「仕」は「つかまつり」です。この「仕」は「申」と同様に、動詞の後ろに付く補助動詞で、丁寧な表現をする場合に使用する言葉です。「歎ケ敷」は「なげかわしく」で、文字通り歎く（嘆く）ことを意味します。「奉存」は、動詞の前に付き、その動作の対象を敬う謙譲表現を意味する「奉《たてまつり》」に、思うの謙譲語「存《ぞんじ》」が付いた言葉です。二重に謙譲表現を使用した丁寧な表現となっています。

【読み下し】田方《たがた》残《のこ》らず水腐《みずくさ》れ　仕《つかまつ》り歎《なげ》かわしく存《ぞん》じ　奉《たてまつ》り　候《そうろう》

【現代語訳】田が全て水腐れになり、歎かわしく思います。

では、次のステップに進みましょう。

●ステップ2 ——「不残」のくずし方と用法を覚えよう

まず「不残」の基本的なくずし字例を紹介します。

①

②

③

④

「不」は、漢字の「不」（①）として書かれることもありますが、先述のように平仮名の「ふ」（②③④）のようにくずされることも多い字です。「残」の字は①から③のように「歹」を丁寧に書くこともあ

りますが、④のように一見すると「糸《いとへん》」に見えるくずしになるものも見られます。また旁の「戔」は④のように「少」のようなくずしになります。「浅」「銭」なども旁は同じようなくずしになるので合わせて覚えましょう。

では例文を参考に実際のくずし字を読んでみましょう。

①

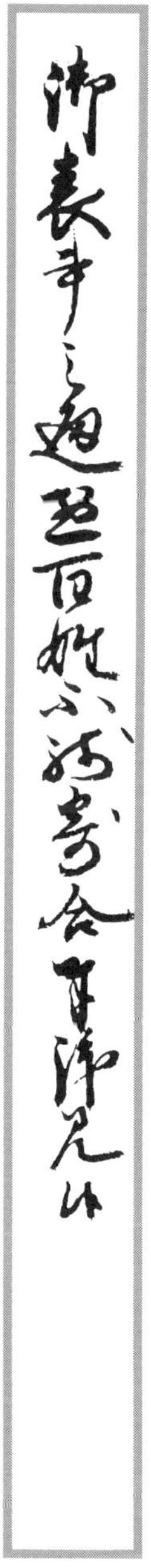

【筆法】は「表書」で「おもてがき」と読みます。とくに「書」は、下の「日」の部分が省略されたくずしになってます。この他にも・・などのくずしがあり、極端に省略された字体（）もあります。＝「奉拝見」で「拝見たてまつり」と読みます。「拝」の正字は「拜」で、この字がくずされたため、扁の最初が点から始まっています。「奉」は動詞の前につき謙譲表現をする補助動詞です。

【語釈】この例文は、年貢割付状と呼ばれる文書で、ある年度の徴税令書です。「表書《おもてがき》」は古文書の表《おもて》の内容を指します。この文章は年貢割付状の裏に書かれた裏書《うらがき》であるために、このような表現をしています。年貢割付状を見た証拠として、その裏に百姓が捺印しました。惣百姓＝「そうびゃくしょう」と読み、すべての百姓の意味。ただし通常は村役人など上層の百姓は含まれておらず、そのため「惣百姓・村役人」と対比して表現されることが多いです。

【解読】御表書之通惣百姓不レ残寄合奉二拝見一候

【読み下し】御表書《おんおもてが》きの通《とお》り惣百姓残《そうびゃくしょうのこ》らず寄《よ》り合《あ》い拝見奉《はいけんたてまつ》り候《そうろう》

【現代語訳】表書きの通り、全ての百姓がもれなく集まり（この文書を）拝見しました。

②

【筆法】は「面々《めんめん》」で、意味は「各人」や「銘々」です。は「候得者」で「そうらえば」と読み、「～であるならば」「～であれば」の意味があり、ここでは後者の意味になります。次にですが「申出《もうしいず》」と読みます。「出」のくずしが特徴的で、右上に点が付くくずしです。この点は「出」の上の「山」の部分の右に書く縦棒を、通常の筆順と異なり最後に点として打っているために付いています。頻出する字なので、よく覚えておいてください。その下に「へき」とあるのは、本来漢字の「可」を平仮名で書いたものです。ここの読みは「もうしいずべき」となります。

【語釈】一座＝幕府評定所の構成員のこと。通常は三奉行と呼ばれた寺社奉行・町奉行・勘定奉行を指します。存寄＝「ぞんじより」と読み、意見を意味します。

【解読】一座之面々存寄も候得者、其存寄筋を不レ残申出へき由ニ候

【読み下し】一座《いちざ》の面々《めんめん》存寄《ぞんじより》も候《そうら》えば、其存寄筋《そのぞんじよりすじ》を残《のこ》らず申《もう》し出《い》ずべき由《よし》に候《そうろう》

【現代語訳】（幕府評定所の）一座の各人で意見があれば、そのことを残らず申し出ること。

●ステップ3 ―― 長文に挑戦

次の文書は「五人組帳《ごにんぐみちょう》」の一部です。本来五人組帳は五人組の構成を領主に届けるために作成されたものでした。その前に、たいていは百姓の守るべき法令が記されており、これをとくに「五人組帳

「前書《まえがき》」と言います。この断片はキリシタンに関する法令で、当時禁教であったキリシタンとその関係者にとった幕府の厳しい態度がうかがえます。

① ② ③ ④ ⑤ ⑥

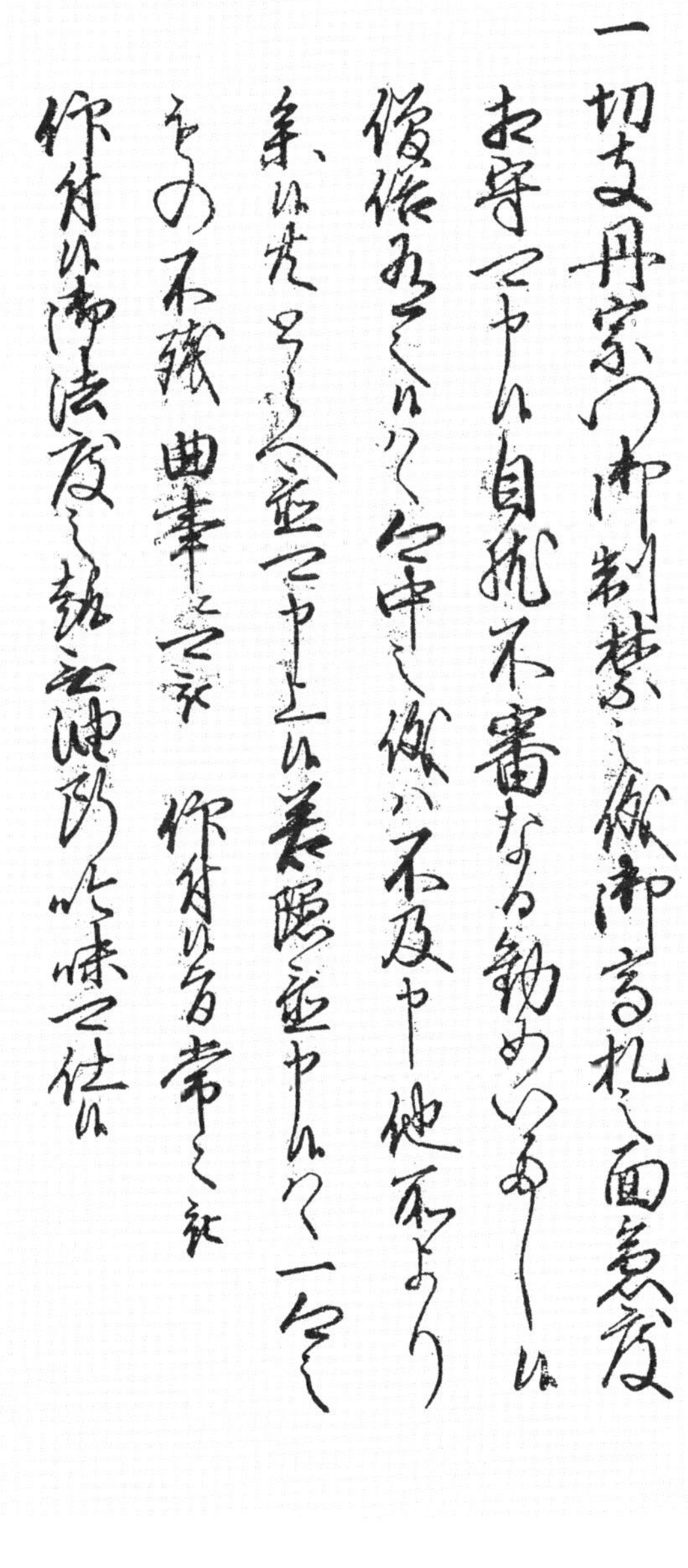

筆法・語釈

①切支丹は「切支丹」と読み、キリシタンの当て字です。高札は「高札《こうさつ》」で、村や町の中心に掲げられた幕府の法令を書き記した板のことです。行末の急度は「急度《きっと》」で、必ずの意味です。②自然は「自然《しぜん》」で、もし、万一、など副詞としての意味があります。勅は「勅」です。扁が「金《かねへん》」に似ていますが少し異なります。いたしは仮名で「いたし」と書かれています。この「た」は、「多」という漢字が変体仮名として使われています。③

は「八丶」と書いています。前に「有之候」とあるので、合わせると意味は「…であるならば」と、仮定法として使われる言葉です。字は片仮名の「八」に片仮名の踊り字である「丶」を組み合わせたものですが、「わば」と読みます。場合によっては「候者《そうらわば》」の様に「者」の1文字として書かれることもあります。は「郷中《ごうちゅう》」で村中を意味します。「郷」は、くずしだけではそれとはわからない字の一つですので、くずし方をぜひ覚えてください。は「不及申」で「もうすにおよばず」と下から返って読みます。言うまでもない、もちろんという意味であり、よく使われる表現の一つです。④は「参」です。「ム」に「未」と、かなり省略されたくずし字ですが、これは「参」の異体字「叅」と考えられます。⑤は「曲事《くせごと》」で、処罰を意味し、「可被　仰付」と合わさることで、「処罰を命じる」と訳します。は「被　仰付」で「おおせつけられ」と読みます。「被」は「衣」をくずしたような字で、この他にがあります。この「被」の字の下が1字分ほど空いています。これは欠字《けつじ》(闕字)と呼ばれるもので、「仰付《おおせつけ》」た主体に対する敬意を表す表現です。また同様な敬意表現として平出《へいしゅつ》があります。これは欠字より上の敬意表現で、あえて字を空けて次の行に記すものです。⑤行目の「被」の下が数字分空いているのはこのためです。

解読文

① 一、切支丹宗門御制禁之儀、御高札之面急度

② 相守可ㇾ申候、自然不審なる勧めいたし候

③ 僧俗有ㇾ之候ハヽ、郷中之儀ハ不ㇾ及ㇾ申、他所より

④ 参候共とらへ置可二申上一候、若隠置申候ハヽ、一郷之

⑤ もの不レ残曲事ニ可レ被二　仰付一候旨(間)、常々被二

⑥ 仰付一候御法度之趣、無二油断一吟味可レ仕候

読み下し文

一《ひとつ》、切支丹宗門《きりしたんしゅうもん》御制禁《ごせいきん》の儀《ぎ》、御高札《ごこうさつ》の面《おもて》急度《きっと》相守《あいまも》り申《もう》すべく候《そうろう》、自然不審《しぜんふしん》なる勧《すす》めいたし候《そうろう》僧俗《そうぞく》これ有《あ》り候《そうら》はば、郷中《ごうちゅう》の儀《ぎ》は申《もう》すに及《およ》ばず、他所《たしょ》より参《まい》り候共《そうろうとも》とらへ置《お》き申《もう》し上《あ》ぐべく候《そうろう》、もし隠《かく》し置《お》き申《もう》し候《そうら》わば、一郷《いちごう》のもの残《のこ》らず曲事《くせごと》に仰《おお》せ付《つ》けらるべく候間《そうろうあいだ》、常々《つねづね》仰《おお》せ付《つ》けられ候《そうろう》御法度《ごはっと》の趣《おもむき》、油断無《ゆだんな》く吟味《ぎんみ》仕《つかまつ》るべく候《そうろう》

現代語訳

一つ、キリスト教が禁止の件については、高札の内容を必ず守りなさい。もし不審な勧誘をする僧侶や俗人がいたならば、村内の者は勿論のこと、他所から来た者であっても、その者を捕まえて報告しなさい。もしその者を隠し置いたならば、村中のもの全てに処罰を命じることになるので、常に命じられた御法度の趣旨にそって、油断なく吟味しなさい。

§10 被下（くだされ）

「くださる・～していただく」

内分ニ而《ないぶんにて》御済《おすまし》被レ下《くだされ》偏ニ《ひとえに》忝《かたじけなく》存《ぞんじ》候《そうろう》

内々にお済まし頂き全く忝く存じます。

●ステップ1 ――「被下」の意味と用例を学ぼう

必ずといってよいほど古文書の中で使われる表現として「**被下**」という言葉があります。「**被下**」とは「**くださる**」と下から返って読みます。近世の古文書ではやと書かれます。ただし、下に文章がつながる場合は「**くだされ**」と読みます。意味は、「与える」「くれる」の尊敬語として、あるいは動詞の後につき補助動詞として尊敬語のように使われる場合があります。

「**被**」という文字は、文法的には受け身を意味する言葉です。たとえば、「訴えられた者」を意味する「被告」や、「害を加えられた者」は「被害者」など、現在も使われている通りです。江戸時代の古文書はその言葉や様式に上下関係が非常に反映されるため、「被」がつく言葉は非常に多く見られます。「**被レ成**」（なられ・なされ）、「**可レ被レ下**」（くださるべし）、「**可レ被レ成**」（ならるべし・なさるべし）など、「被」を使う表現は必ずといっていいほど古文書に含まれています。

では、例文から用例を検証していきましょう。

御用捨を以御延引被下難有仕合奉存候

【解説】「御用捨」は「ごようしゃ」と読みます。許す、などの意味があります。「延引」は「えんいん」と読み、延期を意味します。「被下」と合わせて、「御延期していただき」と訳せます。ここの「被下」は「延引」の補助動詞としての意味をもち、延期をした主体に対する尊敬の意味で使われています。次の「難有仕合奉ㇾ存候」は「ありがたきしあわせにぞんじたてまつりそうろう」と読みます。「難有」とは本来、めったにない、という意味で、転じて感謝を意味するようになりました。「奉存」は「思う」の謙譲語的な表現です。

【読み下し】御用捨《ごようしゃ》を以《もって》御延引《ごえんいん》下され有《あ》り難《がた》き仕合《しあわ》せに存《ぞん》じ奉《たてまつ》り候《そうろう》

【現代語訳】お許しによって（書類の提出を）延期して下さり、有り難い幸せだと存じております。

次に、実際の古文書から、くずし字や用法を学びましょう。

●ステップ2 ――「被下」のくずし字と用法を覚えよう

さて「被下」とその応用の基本的なくずし字例を紹介しましょう。

①

②

③

④

⑤

「被下」の「下」のくずしはあまり変わりませんが、「被」は実に多くのくずし方がありますので、しっかり覚えてください。まず①は「衣」をくずしたような字になってます。次に②は①をさらにくずした形になってます。場合によっては平仮名の「ら」のようにくずされる場合もあります。③④は「可《くだ》レ被《さるべし》レ下」⑤は「可レ被レ下《くださるべく》候得共《そうらえども》」と書かれて、このような表現も非常によく見られます。単に「被下」だけでなく、このような表現についても合わせて覚えてください。

では例文を参考に実際のくずし字を読んでいきましょう。

①

【筆法】は「節《せつ》」と読みます。くずしが特徴的なのでぜひとも覚えてください。は「路《ろ》用《よう》」です。旁の「各」が「水」と同じようなくずしになっています。は「并(并)」で「ならびに」と読みます。は「従　公儀」で「こうぎより」と読みます。「公儀」の前に1字分空いてますが、これは欠(闕《けつ》)字《じ》と呼ばれる敬意表現です。「可被下之」で、「これをくださるべし」と下から順に読みます。場合によっては「之」を読まないこともあります。「之」を置字《おきじ》といいます。

【語釈】路用=「ろよう」と読み、旅費の意味です。公儀=幕府のこと。通常「幕府」という言葉はあまり使われません。

【解読】召捕候節ハ路用幷江戸逗留之入用従二　公儀一可レ被レ下レ之

【読み下し】召《め》し捕《と》らえ候節《そうろうせつ》は路用《ろよう》幷《ならびに》江戸《えど》逗留《とうりゅう》の入用《にゅうよう》公儀《こうぎ》よりこれを下《くだ》さるべし

【現代語訳】(狼藉者を)召し捕らえた場合は、(江戸までの)旅費と江戸での滞在費用は、幕府から支給されます。

②

【筆法】は「其節」ですが、前の例文の「節」とは異なるくずしです。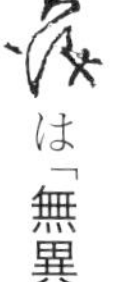は「無異儀」で、下の熟語から先に「異儀なく」と読み、異論がないとの意です。ここでは「異」の異体字である「𠮷」をくずした字になっています。は「跡」のくずし字です。「⻊」《あしへん》は「訁」《ごんべん》と同じ形になりますので気をつけてください。は「可被下候」で「くださるべくそうろう」と読みます。「可」は点に平仮名の「の」のようなくずしで、「被」は片仮名の「ヒ」のようなくずしです。あたかも1文字のように書かれて、一見すると「可被」とは読めない字ですが、頻出するくずし方ですのでぜひ覚えてください。次の「候」は「下」から筆が続いて縦棒があるだけですが、これで「候」と読みます。

【語釈】跡御役＝「跡役」に「御」をつけた言葉で、後任を意味します。この古文書は村の名主役の後任を入れ札で決めたさいの議定書です。

【解読】其節無二異儀一跡御役勤可レ被レ下候

【読み下し】其節《そのせつ》異儀《いぎ》無《な》く跡御役《あとおやく》勤《つと》め下《くだ》さるべく候《そうろう》

【現代語訳】その時は異論を申すことなく、（名主役の）後任を勤めてください。

●ステップ3 ―― 長文に挑戦

次の文書は「詫証文」と言って、謝罪の意を文書の形で示したものです。この文書は、村落にある寺院に対する不埒な振る舞いを謝罪した詫証文で、毎年作成される宗門人別改帳へ菩提寺が捺印して頂けるようお願いしています。「被下」という表現が2か所あります。

①

②

③

④

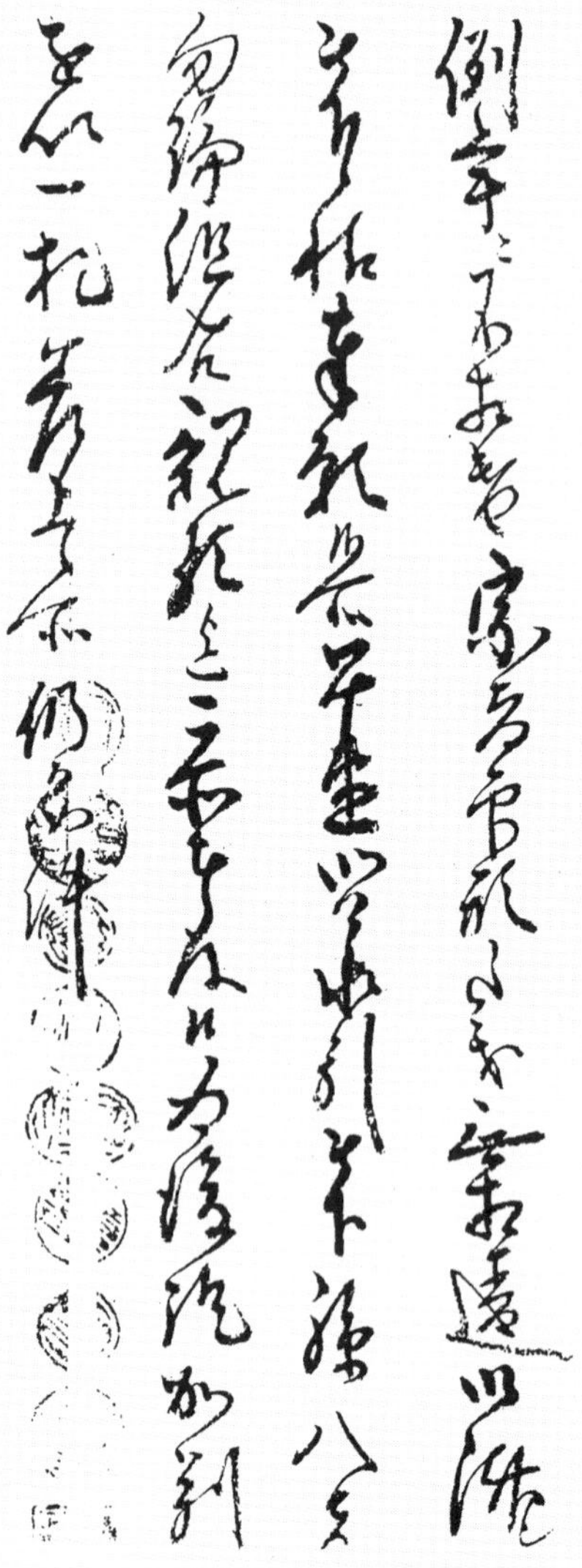

筆法・語釈

①は「不相替」で「あいかわらず」と読みます。「替」は「夫」の部分を一つ省略したくずしとなっています。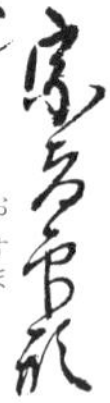「宗旨印形《しゅうしいんぎょう》」とは、宗門人別改帳に捺印される菩提寺の印鑑のことです。は「御済《おすま》シ」と読みます。最後に片仮名の「シ」がついてますので気をつけてください。②は「被下候様」で「くだされそうろうよう」と読みます。「下」の字から「様」に続く間に、筆が少しひっかかっているのに気付きましたか。これが「候」にあたります。は「早速《さっそく》」です。「速」は読みづらい字なので、「早」が読

めるかどうかがポイントになります。頻出する言葉なので覚えて下さい。は「孫八《まごはち》」という人名です。「孫」は「源」という字とかなり似ていますので注意して下さい。「孫」の場合は「糹《いとへん》」のようなくずしになります。③は「忝奉存」で「かたじけなくぞんじたてまつり」と読みます。セットにして覚えてください。「為後証」です（§14参照）。「証」は旧（正）字体の「證」をくずしています。④は「仍而如件《よってくだんのごとし》」です。字の上に印鑑が捺印されたかのように見えますが、実際は紙の裏の継目に押された継印です。

解読文

①例年ニ不二相替一、宗旨印形之義無二相違一御済シ
②被レ下候様奉レ願候所、早速御承引被レ下、孫八者
③勿論、組合・親類迄忝奉レ存候、為二後証一加判
④を以一札差上候所、仍而如レ件

読み下し文

例年《れいねん》に相替《あいか》わらず、宗旨印形《しゅうしいんぎょう》の義《ぎ》相違《そうい》無《な》く御済《おすま》し下《くだ》され候様願《そうろうようねが》い奉《たてまつ》り候所《そうろうところ》、早速御承引《さっそくごしょういん》下《くだ》され、孫八《まごはち》は勿論《もちろん》、組合《くみあい》・親類迄《しんるいまで》忝《かたじけな》く存《ぞん》じ奉《たてまつ》り候《そうろう》、後証《ごしょう》のため加判《かはん》を以《もっ》て一札差《いっさつさ》し上《あ》げ候所《そうろうところ》、仍《よ》って件《くだん》の如《ごと》し

現代語訳

例年の通り変わらず、菩提寺の印鑑を間違いなく捺印して頂けるようお願いしたところ、すぐに御承知して頂き、孫八は当然のこと、五人組の組合や親類も含めて、忝いことだと存じております。後の証拠のためこの一札（証文）を差し上げますところは、この通りでございます。

§11 ―― 無油断（ゆだんなく）――

「油断せず」

常々《つねづね》無二油断《ゆだんなく》一僉議《せんぎ》可レ仕《つかまつるべし》

いつも抜かりなく評議しなさい。

●ステップ1 ―― 返読文字「無」の用法を学ぼう

形容詞「無《なし》」は下にくる言葉を打ち消す返読文字ですが、表題の「無二油断《ゆだんなく》一」以外にも、「無二差支《さしつかえなく》一（支障なく）」とか「無二高下《こうげなく》一（上下の身分なく）」、「無二相違《そういなく》一（間違えずに）」、「無二是非《ぜひなく》一（しかたなく）」、「無二懈怠《けたいなく》一（怠けずに）」などという成句が種々あります。その他にも「無レ拠《よんどころなく》（しかたなく）」や「無レ恙《つつがなく》（無事に）」など、形容詞の「なし」の部分に「無」を用いることもあります。「無」のくずし方は§2の「無御座候」で紹介しましたがもっともポピュラーなくずし方はです。

それでは「無～」の例文を白文で掲げます。助動詞・動詞の返読文字に気をつけて読んでみてください。

ひたすら農業無油断心を尽シ可致出情候

【解説】「出情」は「出精」の慣用。「しゅっせい」と読み、一所懸命に精を出すことです。
【読み下し】ひたすら農業《のうぎょう》油断《ゆだん》無《な》く心《こころ》を尽《つ》くし出情致《しゅっせいいた》すべく候《そうろう》
【現代語訳】もっぱら農業に専念して精を出しなさい。

●ステップ2 ——「無〜」の慣用表現を覚えよう

「無〜」の用例とくずし方を紹介します。一般的には名詞形の上に付けて「〜ない」という意味で用いますが、⑥⑧⑮⑯はステップ1でも説明しましたが、これ1語で独立した言葉（形容詞）です。

① 無㆓遺失《いしつなく》㆒（過ちなく）

② 無㆓違背《いはいなく》㆒（背かず）

③ 無㆓遠慮《えんりょなく》㆒（遠慮なく）

④ 無㆓懈怠《けたいなく》㆒（怠けず）

⑤ 無㆓高下《こうげなく》㆒（身分にかかわらず）

⑥ 無㆓心元《こころもとなく》㆒（不安で）

⑦ 無㆓御差支《おさしつかえなく》㆒（支障なく）

⑧ 無㆓是非《ぜひなく》㆒（しかたなく）

⑨ 無㆓相違《そういなく》㆒（間違いなく）

⑩ 無㆓怠慢《たいまんなく》㆒（怠けず）

⑪ 無㆓遅滞《ちたいなく》㆒（遅れず）

⑫ 無㆓遅々《ちちなく》㆒（遅れず）

⑬ 無二等閑《とうかんなく》一（疎かにせず）

⑭ 無レ滞《とどこおりなく》（順調に）

⑮ 無二余儀《よぎなく》一（やむをえず）

⑯ 無レ拠《よんどころなく》（やむをえず）

ここで、3例ほど「無～」を含む例文を紹介します。自力で読んでみて下さい。

①

【筆法】は、変体仮名の「は」で、字母漢字は「者」です。は「違」の異体字「逺」が用いられています。「麦」に「辶《しんにょう》」と書きます。

【解読】御米四百俵余者壱俵も無二相違一相渡可レ申候

【読み下し】御米四百俵余《おこめよんひゃっぴょうよ》は壱俵《いっぴょう》も相違《そうい》無く相渡《あいわた》し申《もう》すべく候《そうろう》

【現代語訳】米四百俵は一俵たりとも間違いなく渡します。

②

【筆法】は一般的にはと書かれます。は「召」の異体字「㕣」です。

【語釈】候間＝～なので。是非＝是と非、道理にかなわないこと。はっきりと。「無二是非《ぜひなく》一」でしかたなく。

【解読】右之者共御召出シ不レ被レ下候間無二是非一御訴訟申上候

【読み下し】右《みぎ》の者共《ものども》お召《め》し出《だ》し下《くだ》されず候《そうろう》間《あいだ》是非《ぜひな》無く御訴訟申《ごそしょうもう》し上《あ》げ候《そうろう》

【現代語訳】右の者たちを召し出さないのでやむを得ず訴え出ました。

③

【筆法】の旁は「長」と類似しています。は「済」、旁の字体に注意。

【語釈】首尾＝物事のなりゆき。結果。

【解読】御殿様御通行無レ滞首尾能ク相済

【読み下し】御殿様《おとのさま》御通行《ごつうこう》滞《とどこお》り無《な》く首尾《しゅび》能《よ》く相済《あいす》み

【現代語訳】お殿様のお通りにつきましては支障なく順調にすみ

●ステップ3 ―― 長文に挑戦

この文書は、表題に「譲り状」とあり、いわば「遺言書」の途中部分です。本陣を営む主人が息子たち兄弟に宛てたものですが、自分の代で大きくした財産を維持してほしいと書き残したわけです。掲出部分の後には長男に譲り渡す分のうちから、次男が成長した後には分家するよう財産を分割するよう言い残しています。

① ② ③ ④ ⑤

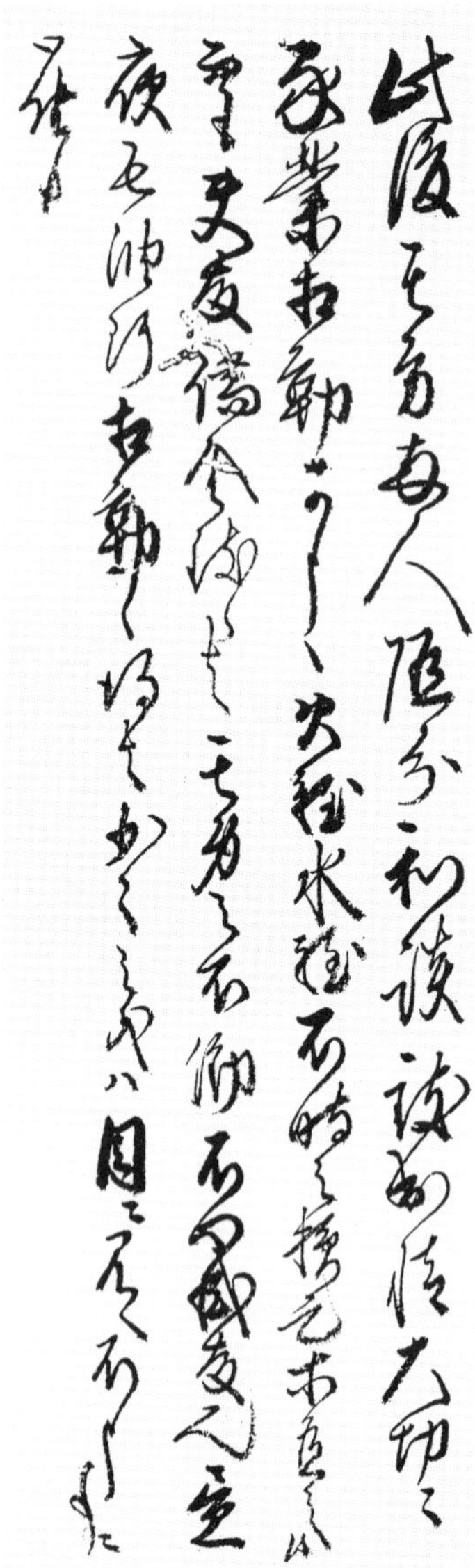

筆法・語釈

①は「此」で、「この」と読みます。他にともくずされます。は「其方」で、「そのほう」または「そなた」と読みます。「其」は・・などともくずされます。は「和談《わだん》」と読み、穏やかに話し合うことをいいます。は「致」で「いたす」と読みます。下の言葉から「〜いたす」と上に返って読みます。は「出情」と書いて、「しゅっせい」と読みます。「情」は「精」の慣用字です。②は「家」と読みます。冠部分が不明瞭ですが、次の文字とで「家業」と読みます。は「火難《かなん》」で、火災のことですが、次の「水難」とあわせて、ぜひ読めるようになりたいものです。とくに旁のくずしに注意してください。「不時《ふじ》」と読みます。思いがけない時、という意味です。「時」の旁は「寺」に似ていますが、などと「寸」に近いくずしで書かれることが一般的です。「損亡《そんもう》」と読み、損失のことをさします。③は「夫故」で「それゆえ」と訓じます。〜だから、の意です。「夫」は「それ」と読む代名詞です。これは虫が食っていますが「借金《しゃっきん》」と読みます。は

「也《なり》」で、書き止めの言葉としても頻出です。④は「無」ですが、一般的には・と書かれます。ここは下に「油断」という言葉があるので、慣用句として「油断無《ゆだんな》く」と読みます。

解読文

①此後其方両人随分和談致二出情一大切ニ
②家業相勤可レ申候、火難・水難・不時之損亡等有レ之候
③而も、夫故借金致候者其身之不働・不心掛故也、昼
④夜無油断相勤候得者、少々之義ハ目ニ見ヘ不レ申事ニ
⑤御座候

読み下し文

此《こ》の後《のち》其《そ》の方両人《ほうりょうにん》随分《ずいぶん》和談《わだん》出情《しゅっせい》致《いた》し大切《たいせつ》に家業《かぎょう》相勤《あいつと》め申《もう》すべく候《そうろう》、火難《かなん》・水難《すいなん》・不時《ふじ》の損亡《そんもう》などこれ有《あ》り候《そうろう》ても、其《そ》れ故《ゆえ》借金《しゃっきん》致《いた》し候《そう》らわば其《そ》の身《み》の不働《ふばたらき》不心掛《ふこころがけ》故也《ゆえなり》、昼夜《ちゅうや》油断《ゆだん》無《な》く相勤《あいつと》め候《そうら》えば、少々《しょうしょう》の義《ぎ》は目《め》に見《み》え申《もう》さざる事《こと》に御座《ござ》候《そうろう》

現代語訳

今後あなたがた二人がよく相談し、精を出して家業に励みなさい。火事・水害や不時の損害などがあっても、それを理由に借金をするのは、あなたがたの働きの悪さ、心掛けの悪さが原因です。昼夜油断せずしっかり働けば、少しぐらいは目に見えないものです。

§12 令吟味（ぎんみせしめ）

「取り調べさせ」

常々令㆓吟味㆒《つねづねぎんみせしめ》
普段からよく調べさせ

●ステップ1 ―― 返読文字「令」の意味と用法を学ぼう

相手に「〜させる」という場合、古文書では「令」と言う文字を用い、「しむ」もしくは「せしむ」と読みます。これを使役の助動詞といいます。「令吟味」以外にも、「令㆓請印㆒《うけいんせしめ》（請印を押させて）」とか「令㆓詮議㆒《せんぎせしめ》（取り調べさせて）」などと用います。その他に「令」は、敬意を表す謙譲の意味でもよく用いられます。たとえば「御状令㆓拝見㆒《ごじょうはいけんせしめ》候《そうろう》（お手紙拝見しました）」とか「令㆓祝着㆒《しゅうちゃくせしめ》（お喜び申し上げます）」というときは、謙譲の意味を強調し敬意を表しているわけです。これらは、〜し申し上げます、などと訳すと良いでしょう。

それでは「令〜」の例文を白文で掲げます。返読文字に気をつけて読んでみてください

私料者領主地頭寺社領共不洩様相触無油断令吟味

【解説】「私料《しりょう》」は「私領」の誤りで大名領・旗本領の総称です。「地頭《じとう》」は、知行地を持つ旗本や大名の家臣をさします。
【読み下し】私料《しりょう》（領）は領主《りょうしゅ》・地頭《じとう》、寺社領共《じしゃりょうとも》洩れざる様相触《ようあいふ》れ油断《ゆだん》無く吟味《ぎんみ》せしめ
【現代語訳】私領は領主・地頭、ならびに寺社領ともに洩れのないように触れ出し怠りなく調査させ

●ステップ2 ——「令〜」のくずし方と慣用表現を覚えよう

まずはじめに「令〜」のくずし方を何例か紹介します。「令」に似ていることもありますので注意してください。5例目以降は難読なくずしですが、頻出しますのでぜひ覚えてください。

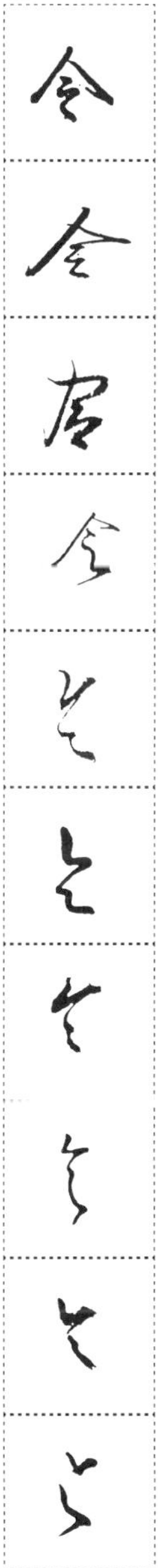

それでは「令」を用いた慣用句にはどのようなものがあるのでしょう。「令」を含む言葉を古文書から拾ってみます。使役か、敬意を表す「しむ・せしむ」か、よく考えながら読んでみましょう。

令二請印一《うけいんせしめ》

令二皆済一《かいさいせしめ》

令二覚悟一《かくごせしめ》

令二沙汰一《さたせしめ》

令二執行一《しぎょうせしめ》

令二修行一《しゅぎょうせしめ》

令二承知一《しょうちせしめ》

令二心配一《しんぱいせしめ》

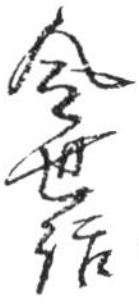
令二世話一《せわせしめ》

令二僉議一《せんぎせしめ》

令二披見一《ひけんせしめ》

令二割賦一《かっぷせしめ》

ここで、3例ほど「令〜」を含む例文を紹介します。③は書翰でしばしば用いられる用例です。では返読文字などに気をつけて自力で読んでみて下さい。

①

【筆法】は「早」と読みます。独特なくずし方ですのでぜひ覚えてください。「品」のくずし字にも似ているところがあります。の偏は「川」で旁は「頁」ですので「順」となります。

【語釈】廻状＝「かいじょう」と読み、領主が宿場や村方などに御用や法令などを通達するための書状。請印＝承諾の印のこと。刻付＝「こくづけ」と読み、時刻を書き記すこと。順達＝「じゅんたつ」と読み、廻状などを順送りすること。

【解読】此廻状村下令二請印一刻付を以早々順達

【読み下し】此《こ》の廻状《かいじょう》村下《むらした》請印《うけいん》せしめ刻付《こくづ》けを以《もっ》て早々《そうそう》順達《じゅんたつ》

【現代語訳】この廻状の村名の下に請印を押し時刻を記してできるだけ早く順番に回達し

②

【筆法】は「触」の旧（正）字体「觸」のくずしです。は「参」の異体字「叅」です。

【語釈】停止＝「ちょうじ」と読み、禁止すること。
【解読】例年相触候通夜参詣令二停止一候
【読み下し】例年相触《れいねんあいふ》れ 候《そうろう》通《とお》り夜参詣停止《よるさんけいちょうじ》せしめ 候《そうろう》
【現代語訳】毎年触れ出していますます通り夜に参詣することは禁止です。

③

【筆法】は「啓」ですが、左上「戸」が「石《いしへん》」のように書かれ、右上の「攵」がかなり省画されています。
【語釈】啓上＝申し上げること。
【解読】一筆令二啓上一候
【読み下し】一筆啓上《いっぴつけいじょう》せしめ 候《そうろう》
【現代語訳】お手紙で申し上げます。

●ステップ3 ── 長文に挑戦

この古文書は、上野国《こうずけのくに》館林《たてばやし》藩主秋元但馬守《たじまのかみ》が村方に命じた「御条目」の一部です。この「御条目」は全部で五十箇条あり、その第三条目にあたる条文です。ここではその全貌を紹介できませんが、いくつかその内容を挙げると、伝馬の励行、五人組の強化、農業の奨励、宗門改の実施、他国者の取り締り、などです。ここで取り上げた資料はキリシタン宗門や怪しき人体の者の取り締まりについて述べられた箇条です。

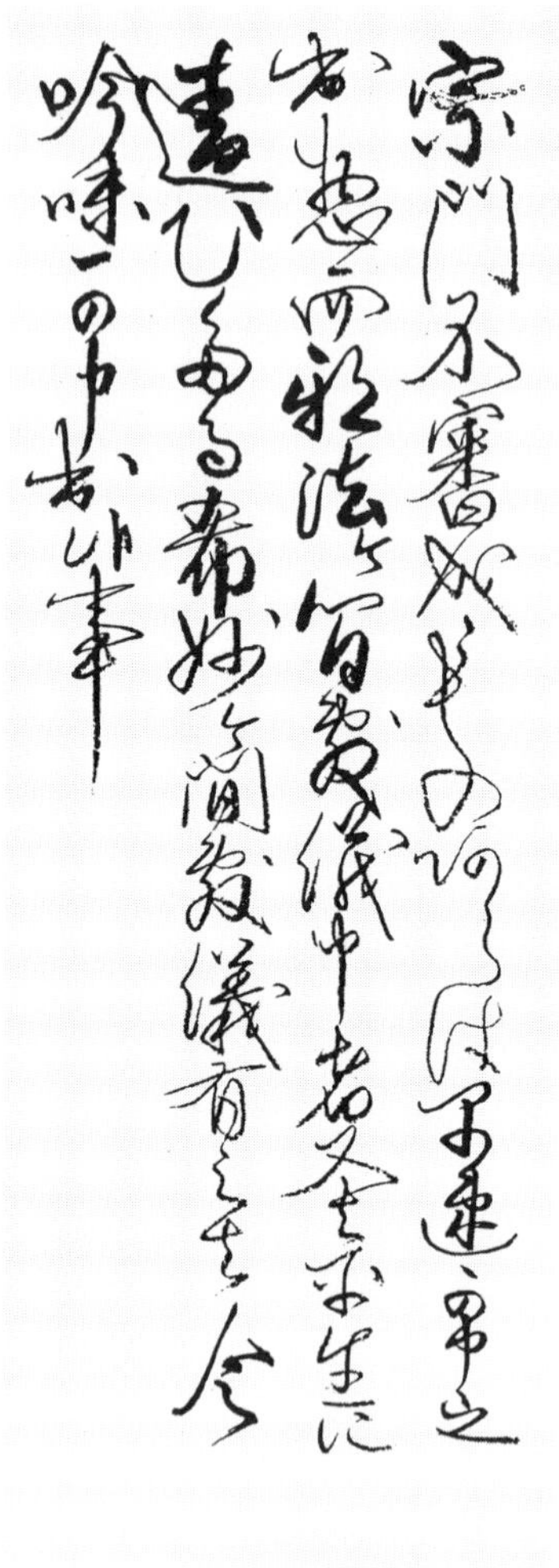

①
②
③
④

筆法・語釈

①　5字とも仮名で「ものあらば」と読みます。　は、「可申之出」と書かれていますが、これは文字の順番が間違っています。本来は「可申出之」となり、最後の「之」（置字といい読まなくてもよい）から上に返って「これを申し出ずべし」となります。②　は「惣而」で「そうじて」または「すべて」と読みます。　は「邪法《じゃほう》」と読み、正道に背いた考えや行いをいいます。また、キリスト教のことをさす場合もあります。　は「ケ間敷《がましき》」と読み、〜のような、の意。　は「平生《へいぜい》」で、普段のこと。「平」の筆順に注意してください。③　は変体仮名「た」、字母漢字は「多」です。　は「希妙《きみょう》」ですが、これは「奇妙」の誤字です。

解読文

①宗門不審成ものあらは、早速可二申レ之
②出一、惣而邪法ケ間敷儀申者、又者平生に

③違ひたる希妙ケ間敷儀有レ之者令二

④吟味一可二申出一候事

読み下し文

宗門《しゅうもん》不審《ふしん》成《な》るものあらば、早速《さっそく》これを申《もう》し出《い》ずべし、惣《そう》じて邪法《じゃほう》がましき儀《ぎ》申《もう》す者《もの》、又《また》は平生《へいぜい》に違《たが》いたる奇妙《きみょう》がましき儀《ぎ》これ有《あ》らば吟味《ぎんみ》せしめ申《もう》し出《い》ずべく候事《そうろうこと》

現代語訳

宗門の不審な者がいたら、すぐに申し出なさい。すべて邪法のようなことを言う者や、または普段と違った奇妙なことがありましたらよく調べさせ申し出なさい。

§13 為読聞（よみきかせ）

「読み聞かせて」

右御書付為二読聞一候間《みぎおかきつけよみきかせそうろうあいだ》

右のお書き付けを読み聞かせたので

●ステップ1 ――「為」の意味と用法を学ぼう

「為」は、〜をなさる、という尊敬・親愛を示す助動詞であり、また、人に何々させるという意味をもった使役の助動詞「す・さす」の漢字表記です。後者は動詞にこの使役の助動詞を付けて、「〜させる」という表現になります。動詞の上に「為（せ）」を付ければよいわけで、見出しの「為二読聞一《よみきかせ》」は役人が村人に触などを「読み聞かせる」などというときに用いる慣用句です。ほかに「為二申聞一《もうしきかせ》」とか「御奉公為レ致《ごほうこういたさせ》」などと用います。

例文を一つあげます。誰に何をさせるのか考えながら読んでみてください。

御高札写名主所江張置、村中之者為読聞厳蜜ニ可相守候事

【解説】「高札」は「こうさつ」と読み、法度や掟書などを記し人目の付く所に掲げた板札。「厳蜜」は「厳

「密」の誤字です。厳しく、しっかりと、の意。「密」と「蜜」の誤用はしばしば見られます。

【読み下し】御高札写《ごこうさつうつ》し名主所《なぬしところ》え（へ）張《は》り置《お》き、村中《むらじゅう》の者読《ものよ》み聞《き》かせ厳密《げんみつ》に相守《あいまも》るべく候事《そうろうこと》

【現代語訳】ご高札の写しを名主の所へ張り置いて、村中の者に読み聞かせてしっかり守ること。

●ステップ2 ――「為」のくずし方と慣用句を覚えよう

「為」はさまざまにくずされます。可能な範囲でくずしを紹介します。

さて、このような使役あるいは尊敬の助動詞「為」を含む慣用句を読んでみましょう。

被レ為レ遊《あそばせられ》　為レ致《いたさせ》　為レ致《いたさせ》　為レ言《いわせ》　為二御知一《おしらせ》

為二相勤一《あいつとめさせ》　為二尋出一《たずねいださせ》　為レ仕《つかまつらせ》　為二取替一《とりかわし》　為二引越一《ひっこさせ》

ここで「為」を用いた短文を掲げます。読んでみましょう。

①

【筆法】は、下から「何事《なにごと》によらず」と読みます。どんなことでも、という意味です。は「～がましく」と読んで、～じみた、～のような、という意味です。は、「間鋪」で、否定を表す助動詞「まじ」の活用形で「まじき」と訓じます。強い否定の意味を表します。

【語釈】不届＝「ふとどき」と読み、法令に違反すること。堅＝「かたく」と読み、決して～しない。

【解読】不レ依二何事ニ一不届ケ間敷儀堅為レ致間鋪候

【読み下し】何事《なにごと》によらず不届《ふとど》きがましき儀《ぎ》堅《かた》く致《いた》させまじく候《そうろう》

【現代語訳】どんな事があっても法令に背くようなことは決してさせません。

②

【筆法】（談）と（済）の旁部分のくずし方をしっかり覚えましょう。は下から「つかまつらせ」と読みます。助動詞「為」が仮名の「ゐ」に見えます。これは平仮名「ゐ」の字母漢字が「為」から派生しているからです。は「趣」です、「走《そうにょう》」の右下に伸びる部分が上に跳ねているところにこのくずしの特徴があります。旁部分は「取」の草書体です。

【語釈】熟談内済＝訴訟事件において、よく話し合い和解すること。為仕＝「つかまつらせ」と読み～させる、の意。

【解読】熟談内済為レ仕候趣、乍レ恐左ニ奉二申上一候

【読み下し】熟談内済《じゅくだんないさい》仕《つかまつ》らせ候《そうろう》趣《おもむき》、恐《おそ》れ乍《なが》ら左《さ》に申《もう》し上《あ》げ奉《たてまつ》り候《そうろう》

【現代語訳】よく話し合い和解なされました趣意を、恐縮ですが左に申し述べます。

●ステップ3 —— 長文に挑戦

幕末、武蔵国多摩郡八王子に居住する土着の幕府直属の郷士《ごうし》集団で、おもに甲州口《こうしゅうくち》の警備などにあたった千人同心（八王子同心）と、この地域の村方との関係を示す史料の一部分です。村の従来の規則に違反する千人同心にたいし、村役人から従前からの決まりごとを「読み聞かせ」て、これを守るように訴えますが、聞き入れられなかったようです。

①　②　③

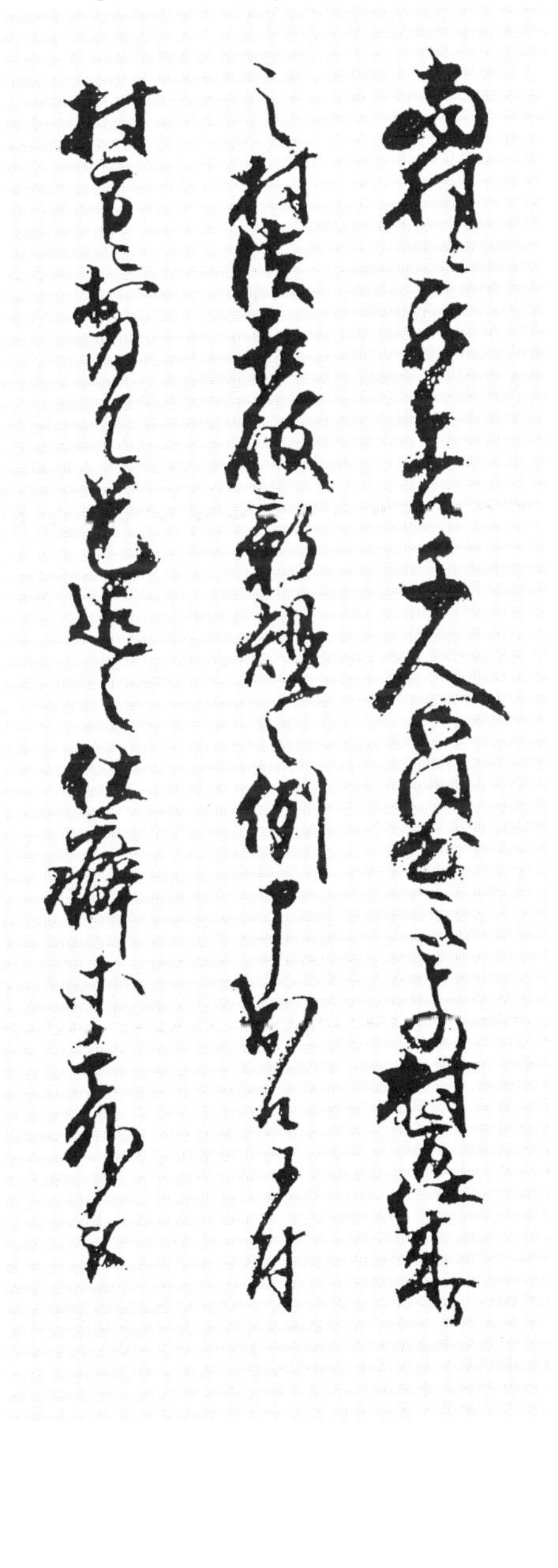

④ ⑤

筆法・語釈

①は、「罷《まかり》」と読みます。本来は「まかる」という動詞ですが、古文書の場合、多くは接頭語的に動詞に付いて（ここでは在《あり》）、語勢を強めたり謙譲を表します。は「千人御同心《せんにんごどうしん》」と読み、主に甲州口を固めるために多摩地区の郷士により結成された幕府直属の役職です。「千」というくずしの筆順に注意してください。②は「村法《そんぽう》」と読み、それまでの慣習や先例・決まりをいいます。は「仕来《しきた》り」と読み、村が自ら取り決めた規則のことです。③は「仕癖《しくせ》」と読み、習慣やならわし。は「等」の異体字「才」。は指示代名詞で「其《その》」と読みます。は受身・尊敬の助動詞「被」で、次の行の冒頭「仰渡」から返って「仰《おお》せ渡《わた》され」と読みます。④は「迄《まで》」の異体字「迠」。「候得共《そうらえども》」と読み、「〜けれど」と訳します。⑤は「聞」の典型的なくずしです。は「不承知」で、「ふしょうち」もしくは下の熟語から「しょうちせず」と読みます。

解読文

①当村ニ罷在候千人御同心之もの、村方仕来り
②之村法相破、新規之例申出候に付、

③村方ニおゐて是迄之仕癖等其外被二

④仰渡一之節御請書等迄為二読聞一候得共、

⑤聞入も無レ之不承知

読み下し文

当村《とうそん》に罷《まか》り在《あ》り候《そうろう》千人御同心《せんにんごどうしん》の者《もの》、村方《むらかた》仕来《しきた》りの村法《そんぽう》相破《あいやぶ》り、新規《しんき》の例《れい》申《もう》し出《い》で候《そうろう》に付《つき》、村方《むらかた》において是迄《これまで》の仕癖等《しくせなど》其《そ》の外《ほか》仰《おお》せ渡《わた》さるるの節《せつ》御請書等迄《おうけしょなどまで》読《よ》み聞《き》かせ候《そう》らえ共《ども》、聞《き》き入《い》れもこれ無《な》く不承知《ふしょうち》

現代語訳

当村にいます千人同心の方は、村方のこれまでの決まりを破り、新たな規則を申し出てきましたので、村方のこれまでの慣例や、そのほか命じられましたお触れの請書などまで読み聞かせましたが、聞き入れてもらえず承知できないとのことで、

§14　為後日（ごじつのため）

「後日のために、後日の証拠として」

為後日仍而如レ件《ごじつのためよってくだんのごとし》
後日の証拠のため、このとおりです。

●ステップ1 ――「為」を「のため」と読む場合の用法を学ぼう

「為」は、当然§13のように尊敬や使役の助動詞として「す・さす」とも読みますが、古文書ではその下に名詞などが来て、「**～のため**」とも読みます。証文などの書止め部分で用いられることが多いのですが、例えば「為レ其《そのため》」とか「為レ念《ねんのため》」「為二後証一《ごしょうのため》」「為二後年一《こうねんのため》」などと用います。

例文を一つあげます。古文書の書止め部分でよく用いられるフレーズです。

為後日証人加判仍而如件

【解説】「為後日」という言葉には「後日の証拠として」の意味があります。「**仍而如件**」は、書止め文言の決まり文句で、「**よってくだんのごとし**」と読みます。

【読み下し】後日《ごじつ》の為《ため》、証人《しょうにん》加判《かはん》、仍《よ》って件《くだん》の如《ごと》し

【現代語訳】後日の証拠として証人の加判をとり、このとおりでございます。

●ステップ2 ――「為（〜のため）」のさまざまな慣用句を覚えよう

「為」はさまざまにくずされますが、字例に付いては前項（91ページ）を参照してください。さて、「為」は返読文字で「〜のため」と読むわけですが、もっとも頻出する「為二後日一（為二後日之一）」のくずし方と用例をいくつか紹介します。

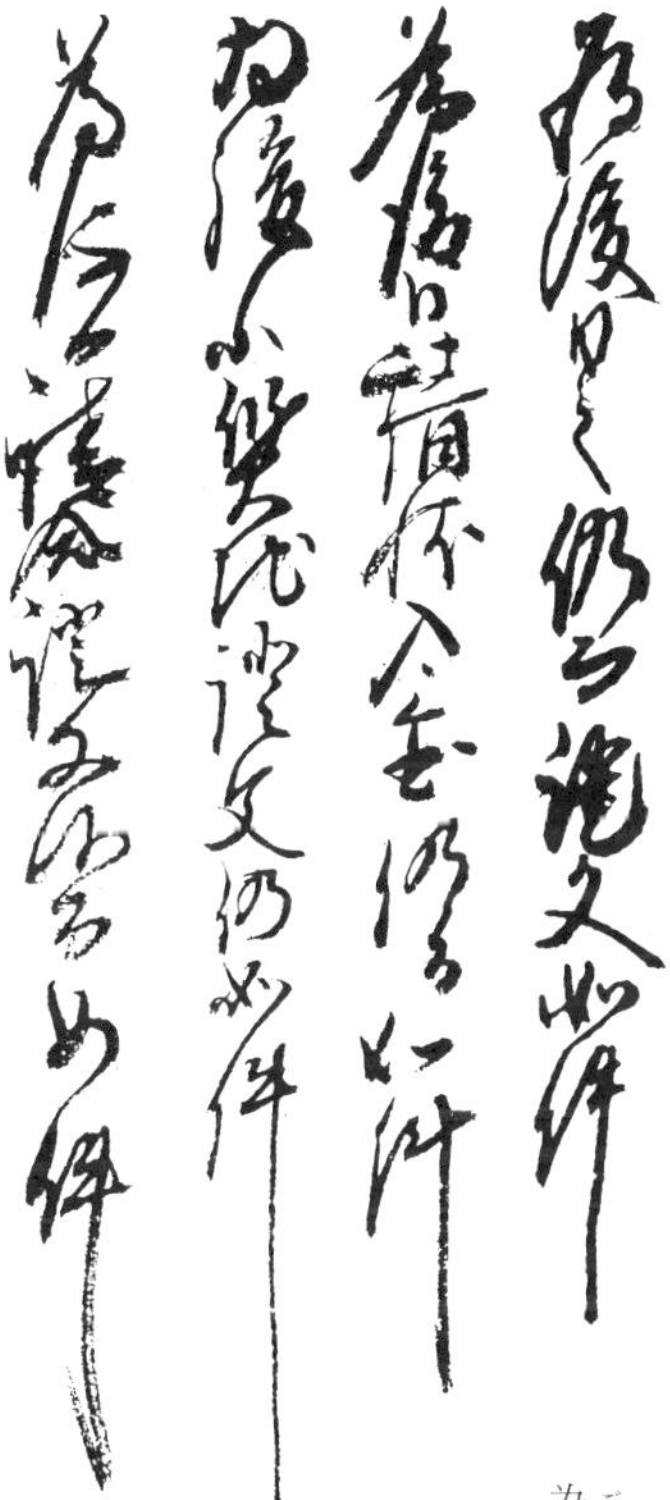

為二後日之一仍而証文如レ件《ごじつのためよってしょうもんくだんのごとし》

為二後日一請状入置仍而如レ件《ごじつのためうけじょういれおきよってくだんのごとし》

為二後日一質地証文仍如レ件《ごじつのためしっちしょうもんよってくだんのごとし》

為二後日一請合証文仍而如レ件《ごじつのためうけあいしょうもんよってくだんのごとし》

次に「為（〜のため）」を用いた慣用句を古文書から拾ってみました。

為レ其《そのため》

為レ其《そのため》

為レ念《ねんのため》

為二後証一《ごしょうのため》

為二後年一《こうねんのため》

為レ無レ之《これなきため》

①

【筆法】は、「言《ごんべん》」に「登」で「証」の旧字体「證」です。は「済」と読みます。旁は「斉」もしくは「斎」のくずしです。「済」はやともくずされます。

【語釈】後証＝「ごしょう」または「こうしょう」と読みます。後々の証拠の意。**連印**＝複数の人が連帯で責任をとるために姓名を列記して捺印すること。**済口証文**＝訴訟で内済が決定したとき、原告・被告が裁判役所に届け出た示談書。

【解読】為二後証一連印済口証文差上申処、仍而如レ件

【読み下し】後証《ごしょう》の為連印済口証文《ためれんいんすみくちしょうもん》差《さ》し上《あ》げ申《もう》す処《ところ》、仍《よ》って件《くだん》の如《ごと》し

【現代語訳】後々の証拠の為《ため》、連印して済口証文を差し上げますところ、このとおりです。

②

【筆法】は「為其」で、下から「そのため」と読みます。「為」は最もくずされた字体です。は「印」で上に「𠆢《ひとがしら》」が付くと「命」になります。は平仮名の「め」の様に書かれていますが「如《ごとし》」です。

【解読】為ㇾ其連印を以書付差出申処如ㇾ仰
【読み下し】其《そ》のため連印《れんいん》を以《もっ》書付《かきつけ》差《さ》し出《だ》し申《もう》す処《ところ》仰《おお》せの如《ごと》し
【現代語訳】そのために全員の連印をもって書き付けを差し出すところ仰せのとおりです。

●ステップ3 —— 長文に挑戦

この史料は、証文によくみられます最後の決まり台詞です。民事訴訟が示談になって今後はこの件で再び訴え出ることはしない旨を述べ、後日の証拠として訴訟方・相手方の双方もしくは訴訟方だけが証文を差し出すことによって一件落着となります。この史料では訴訟方だけが届け出る片済口証文でした。

① ② ③ ④

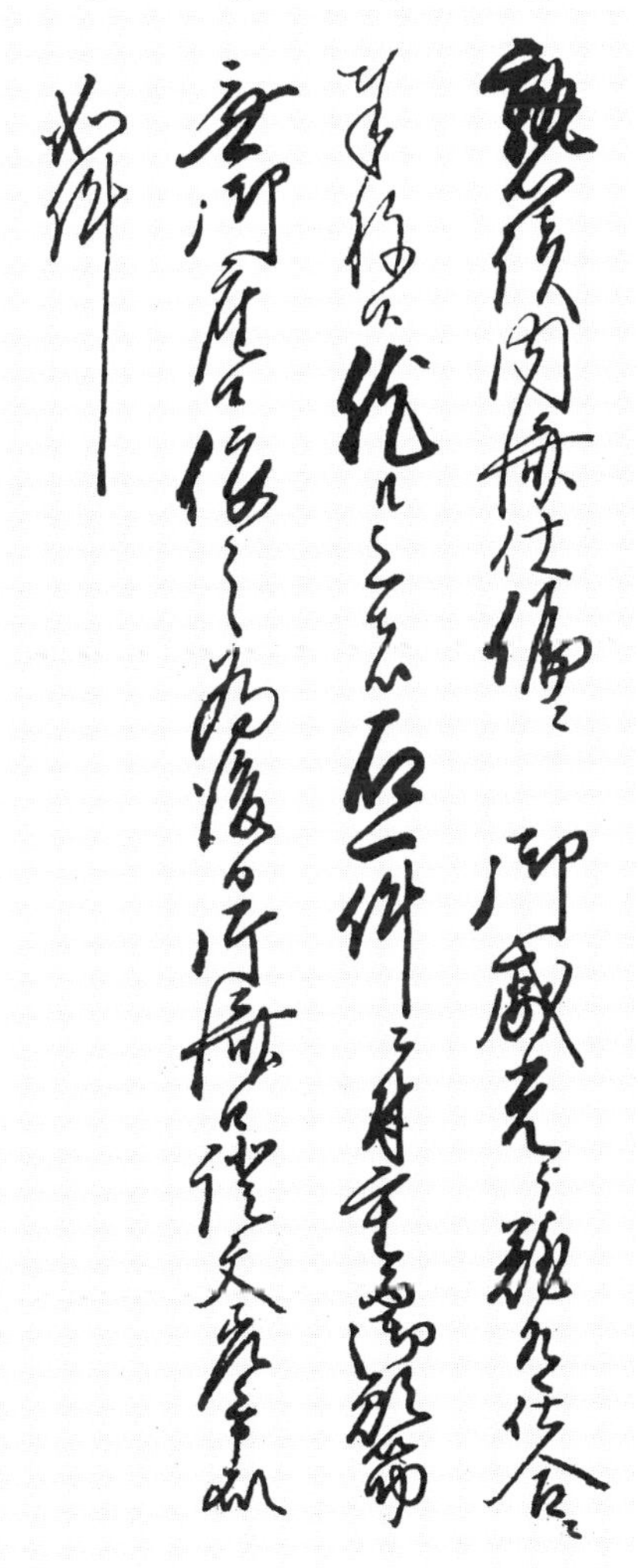

筆法・語釈

①は「熟談内済《じゅくだんないさい》」と読み、訴訟事件において、よく話し合い和解することをいいます。は「難有仕合《ありがたきしあわせ》」と読み、ありがたく幸運です、もしくはありがたいご処置です、の二通りの意味があります。②は「然《しかり》」で、左側が「夕」で右上が「犬」右下のが「灬《れんが》」です。③「片済口証文《かたすみくちしょうもん》」は、金公事《かねくじ》（金銭貸借関連の訴訟）で原告と被告が和解したさい、原告だけが裁判役所に届け出ることで正式な解決となる証文です。

解読文

①熟談内済仕、偏ニ　御威光与難ㇾ有仕合ニ
②奉ㇾ存候、然ル上者右一件ニ付重而御願筋
③無㆓御座㆒候、依ㇾ之為㆓後日㆒片済口証文差上申処
④如ㇾ件

読み下し文

熟談内済《じゅくだんないさい》仕《つかまつ》り、偏《ひとえ》に御威光《ごいこう》と有《あ》り難《がた》き仕合《しあわ》せに存《ぞん》じ奉《たてまつ》り候《そうろう》、然《しか》る上《うえ》は右一件《みぎいっけん》に付重《つきかさ》ねて御《お》願《ねが》い筋《すじ》御座《ござ》無《な》く候《そうろう》、これに依《よ》り後日《ごじつ》の為片済口証文《ためかたすみくちしょうもん》差《さ》し上《あ》げ申《もう》す処件《ところくだん》の如《ごと》し

現代語訳

よく話し合い和解しました。これもひとえに御上《おかみ》のご威光で有り難いご処置と感謝いたします。このうえは右の一件に付いて重ねてお願いするようなことはいたしません。後日の証拠として片済口証文を差し上げますところこのとおりです。

§15　為身代（みのしろとして）

「給金として」

為二身代一《みのしろとして》金《きん》弐《に》両《りょう》三《さん》分《ぶ》弐《に》朱《しゅ》請取《うけとり》申《もうし》候《そうろう》処《ところ》実正《じっしょう》也《なり》

給金として金二両三分二朱を受け取りましたことに間違いありません

●ステップ1 ―― 「為」を「として」と読む場合の用法を学ぼう

「為」は、「せ（す・さす）」「のため」と読むほかに、下から上に返って「**として**」と読む場合があります。例えば、現代で言えば、「罰金としていくら納める」とか、「ご祝儀として祝い金を包む」などと言うときの「**として**」です。古文書ではこの「**として**」に「為」という漢字をあてます。この項では娘などを奉公に出すときに用いられる「**身代として**」という慣用句を覚えましょう。このほかに「として」を用いる慣用句には罰金としてという意味の「過料として」、営業税として、またはお礼としてなどの意味をもつ「冥加として」などの表現もあります。

例文を一つあげます。白文で読んでみましょう。

為身代金子弐分三百文只今被下置、慥ニ請取申候

【解説】「身代」は「みのしろ」と読み、人身を担保とすることで、その代償に支払われる金銭のこと。ここでは前渡しの給金をいいます。「被下置」は「くだしおかれ」と読み、「金銭をくださり」の意です。「慥二」は「たしかに」と読み、確かに、と同意です。

【読み下し】身代《みのしろ》として金子二分三百文只今下し置かれ《きんすにぶさんびゃくもんただいまくだしお》、慥《たしか》に請《う》け取《と》り申《もう》し候《そうろう》

【現代語訳】給金として金子二分と三百文をただいま下され、たしかに受け取りました。

●ステップ2 ——「為」のさまざまな慣用句を覚えよう

「為」の種々の字例に付いては91ページを参照してください。

さて、「為」は返読文字で「として」とも読むわけですが、このくずし方と用例をいくつか紹介します。

為二過怠一《かたいとして》

為二過料ト一《かりょうとして》

為二質物一《しちもつとして》

為二御祝儀一《ごしゅうぎとして》

為二御寺領一《ごじりょうとして》

為二御手当一《おてあてとして》

為二褒美一《ほうびとして》

為二冥加一《みょうがとして》

【用語解説】過怠＝過失の償いとする金品。過料＝軽犯罪に対する罰金。冥加＝お礼。営業者に対する税金。

それではここで「為《として》」を含む短文を読んでみましょう。

①

【筆法】は「給」ですが、この「糸《いとへん》」は典型的なくずしです。は「人《ひとがしら》」に「主」で「金」です。は「究《きめ》」で「決」「極」とも書きます。

【語釈】慥＝「たしか」と読み「確」と同義。実正＝偽りのないこと。

【解読】為㆓給金㆒前書金八両ニ相究、慥ニ請取申候処実正也

【読み下し】給金《きゅうきん》として前書金八両《まえがききんはちりょう》に相究《あいき》め、慥《たし》かに請《う》け取《と》り申《もう》し候処実正也《そうろうところじっしょうなり》

【現代語訳】給金として前書のとおり金八両と決め、確かに請け取りましたことに間違いありません。

②

【筆法】は「釒《かねへん》」に旁は「悪」で「鐚《びた》」と読みます。は「弐」に類似していますが漢数字の「弐」です。は上の「百」にくっついているので読みづらいのですが、銭の単位の「文《もん》」です。

【語釈】地代＝「じだい・ちだい」と読み、土地の借用料として地主に支払う代金。鐚＝鐚銭《びたせん》の略。我国で鋳造された劣悪な銭貨で、輸入銭であった永楽銭一貫文に対し鐚四貫文が公定換算率。宛＝「ずつ」と読み、「充」とも書きます。

【解読】為㆓地代㆒鐚弐百文宛年々差出地所借請

【読み下し】地代《じだい》として鐚二百文宛年々《びたにひゃくもんずつねんねん》差《さ》し出《だ》し、地所借《じしょか》り請《う》け

【現代語訳】地代として鐚銭二百文ずつを毎年支払い、地所を借り受けて

●ステップ3 ―― 長文に挑戦

この史料は「奉公人請状《ほうこうにんうけじょう》」の冒頭部分の典型的な文章ですが、奉公にやる者が身元のはっきりした者であること、奉公期限、給金、与えられる衣類などの条件が記されています。「身代として」つまり給金として一両二分と取り決められたようです。

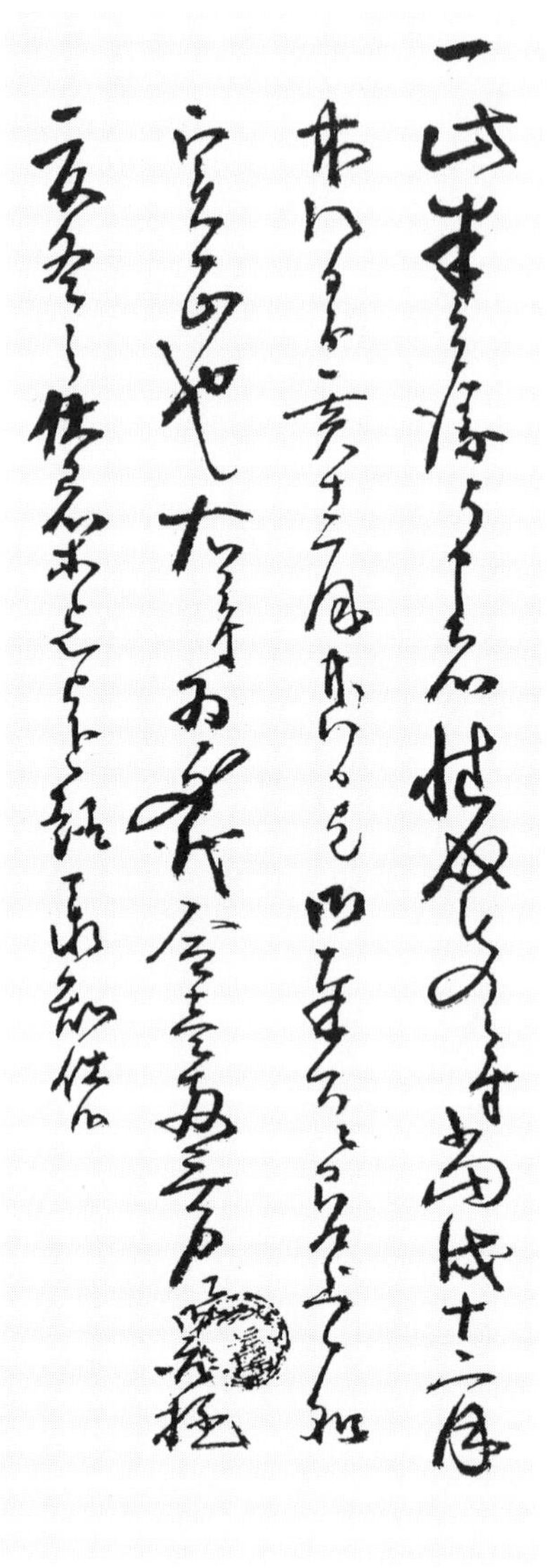

筆法・語釈　①は助詞の「と」で字母漢字は「与」。は「慥」、またはその異体字の「慥」で、「たしか」と読みます。「確か」と同義。は「二付」で「～につき」。「付」の「亻《にんべん》」が省略されていますので要注意。②は「廿《にじゅう》」で、共に似ていますが、右側に点が打たれるところに特徴があります。は「迄《まで》」の異体字「迠」です。③は「方」に類似していますが、

ここは金銭の単位ですから当然「分《ぶ》」です。は「取極《とりきめ》」で「取決」とも書きます。④は難読文字ですが「夏《なつ》」と読みます。「度」に似ていますので注意してください。右側に点が打たれると「度」となります。は「仕着《しきせ》」と読んで、主人から奉公人に与えられる衣服のことです。

解読文

①一、此半兵衛与申者慥成もの ニ付、当戌十二月

②廿八日ゟ亥十二月廿八日迄御奉公ニ差上候処

③実正也、右ニ付為二身代一金壱両三分ニ御取極、

④夏冬之仕着等迄被レ下候趣、承知仕候

読み下し文

一《ひとつ》、此《こ》の半兵衛《はんべえ》と申《もう》す者《もの》、慥《たし》か成《な》るものに付《つき》、当戌《とういぬ》の十二月二十八日《じゅうにがつにじゅうはちにち》より亥《い》の十二月二十八日《じゅうにがつにじゅうはちにち》まで御奉公《ごほうこう》に差《さ》し上《あ》げ候処《そうろうところ》実正也《じっしょうなり》、右《みぎ》に付身代《つきみのしろ》として金壱両三分《きんいちりょうさんぶ》に御取《おと》り極《き》め、夏《なつ》・冬《ふゆ》の仕着《しき》せ等迄下《などまでくだ》され候趣《そうろうおもむき》、承知仕《しょうちつかまつ》り候《そうろう》

現代語訳

一つ、この半兵衛という人は身元の確かな人なので、今年戌年の十二月二十八日から来年の亥年十二月二十八日まで奉公に差し上げますことに間違いありません。このため給金として金一両二分と取り決め、夏と冬の着物などまでくださるとのこと、承知しました。

§16 被為仰付（おおせつけなされ・おおせつけさせられ）

「ご命じなされ・命じられ」

乍レ恐御拝借金被レ為二仰付一《おそれながらごはいしゃくきんおおせつけなされ（させられ）》

恐れ多いことですが拝借金をご命じくだされ

●ステップ1 ―― 「為」を「なす」と読む場合の用法を学ぼう

「為」は、「せ（す・さす）」「のため」「として」と読むほかに、動詞として「**なす**」とも読みます。ある行為をするという意味ですが、「成す」と同義で用います。例えば「当四月中上納被レ為二仰付一」という文章で説明しましょう。この文の意味は、今年の四月中に上納するよう命じられ、となりますが、「仰付《おおせつけ》」つまり命令を「なされた」ということです。類似した表現に「被レ為二仰渡一」「被レ為二仰遣一」などがあります。また、この「為」は尊敬の助動詞「さす」の活用形「させ」と捉えて「**仰せ付けさせられ**」とも読みます。ほかの例としては、「被為遊《あそばせられ》」があります。「被＋為」で最上級の尊敬の意味を表します。

例文を一つあげます。白文で読んでみましょう。

従　御公儀様被為　仰付候御法度之趣弥堅相守可申候

【解説】「従」は返読文字で「より」と読みます。「公儀《こうぎ》」は、表向き、公の意。とくに近世では幕府・将軍のことをさします。「法度《はっと》」は、おきて、禁令。「弥」は「いよいよ」と読み、ますます、そのうえ、などの意味です。ここでは「弥堅《いよいよかたく》」ですから、ますますしっかり、ほどの意味です。

【読み下し】御公儀様従《よ》り仰せ付けなされ《（けさせられ）》候《そうろう》 御法度《ごはっと》の趣《おもむき》 弥《いよいよ》堅《かた》く相守《あいまも》り申《もう》すべく候《そうろう》

【現代語訳】御公儀様から命じられました法令はますますしっかり守ります。

●ステップ2 ――「被為仰付」のくずし方を覚えよう

「被為仰付」のくずし方をいくつか紹介します。（「なされ」は「させられ」と読んでも構いません）

厳敷《きびしく》被レ為二仰付一《おおせつけなされ》

帰村《きそん》被レ為二仰付一《おおせつけなされ》

済方《すましかた》被レ為二仰付一《おおせつけなされ》

再応《さいおう》被レ為二仰付一《おおせつけなされ》候《そうろう》

被レ為二仰付一《おおせつけなされ》被二下置一《くだしおかれ》候ハ《そうらわば》、

それではここで「被為仰付」を含む短文を読んでみましょう。

①

【筆法】は「利足《りそく》」と読み、利息のこと。は「積《つもり》」で計算の意。は「頂戴《ちょうだい》」と読みます。1字目は偏が「丁」、旁が「頁」。2字目は左下が「異」の異体字「㒵」、したがって「戴」

となります。は「被二下置《くだしおかれ》一」と読み、〜してくださって、の意。

【語釈】壱割之積を以＝一割の利息計算で、の意。

【解読】御利足壱割之積を以頂戴被レ為二仰付一被二下置一候

【読み下し】御利息《おりそく》壱割《いちわり》の積《つも》りを 以《もって》頂戴《ちょうだい》仰《おお》せ付《つ》けなされ下《くだ》しおかれ 候《そうろう》

【現代語訳】お利息を一割の計算で頂戴できますようご命じくだされました。

②

【筆法】は「以来八《いらいは》」と読み、以後は、それ以降は、の意。は「本陣《ほんじん》」と読みます。しばしば「本陣」と書かれることもありますので注意してください。は「旨《むね》」と読みます。は「仰渡《おおせわたし》」と読み、命令を言い渡し、申し渡し、の意。

【語釈】本陣＝街道の宿場で大名や幕府役人・勅使・宮門跡などが宿泊した公認の宿舎。

【解読】以来ハ御本陣と唱可レ申旨被レ為二 仰渡一候

【読み下し】以来《いらい》は御本陣《ごほんじん》と唱《とな》え申《もう》すべき旨《むね》仰《おお》せ渡《わた》しなされ 候《そうろう》

【現代語訳】今後は御本陣と称するように命じられました。

●ステップ3 —— 長文に挑戦

この古文書は、年貢の納入に行き詰まっていたがなんとか規定の分は納めたところ、さらに割り増しがあり、田畑などを質物に入れても納めきれないほどで、とくに今年は村中が困窮しているので青野村名主に渡した分の代金をもって納めることができるようにそちらに命じてくださいと役所に願い出た願書の最後の部分です。

① ② ③

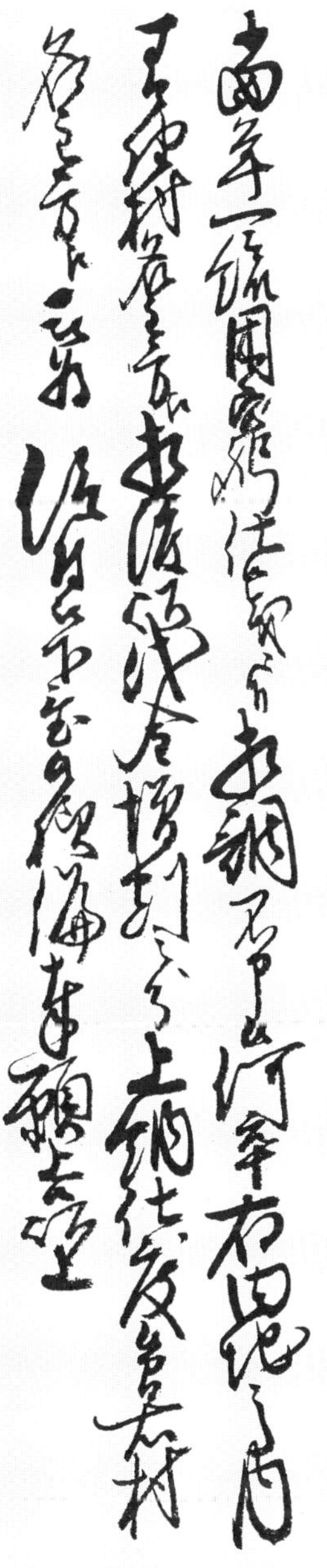

筆法・語釈

①は「一統《いっとう》」と読みます。全部、みんな、一同の意。「統」の旁の下部が二本足でなく二本足になっています。よく見られる俗字です。は「ニ付《につき》」と読みます。は「相調《あいととのえ》」です。1字目は語調を調えたり強調する接頭語の「相《あい》」。「調え」とは年貢の納入の準備ができたことをいいます。は「不《ず》」です。「相調不ㇾ申《あいととのえもうさず》」で、年貢が用意できなかったことを意味します。は「何卒《なにとぞ》」と読みます。②は「青野村《あおのむら》」です。は「以《もって》」です。青野村に渡した米の代金を「もって」ということです。は「増割《ましわり》」。年貢の割り増しのことです。③は「様《よう》」と読みます。典型的なくずしの一つですので必ず覚えて下さい。は「偏」で「ひとえに」と読みます。

解読文

①当年一統困窮仕候義ニ付相調不ㇾ申候、何卒右田地之内

②青野村名主方江相渡以二代金一増割之分上納仕度候間、右村

③名主方江被レ為二　仰付一被二下置一候様偏奉二願上一候、以上

読み下し文

当年一統困窮《とうねんいっとうこんきゅう》仕《つかまつ》り候《そうろう》義《ぎ》に付相調《つきあいととの》え申《もう》さず候《そうろう》、何卒田地《なにとぞでんち》の内《うち》、青野村名主方《あおのむらなぬしかた》え《(へ)》相渡《あいわた》し代金《だいきん》を以《もって》増《ま》し割《わ》りの分上納《ぶんじょうのう》仕《つかまつ》りたく候間《そうろうあいだ》、右村名主方《みぎむらなぬしかた》え《(へ)》仰《おお》せ付《つ》けなされ（仰せ付けさせられ）下《くだ》し置《お》かれ候《そうろう》様《よう》偏《ひとえ》に願《ねが》い上《あ》げ奉《たてまつ》り候《そうろう》、以上《いじょう》

現代語訳

今年は全員困窮に陥ったので（年貢納入分を）調えることができませんでした。なにとぞ田地のうち、青野村名主へ渡しました米の代金で上納したいので、右の村名主方へご命じくださされますよう、どうかお願い申し上げます、以上。

§17 乍恐（おそれながら）

「恐れ多いことですが」

乍レ恐《おそれながら》以二書付一《かきつけをもって》奉二願上一《ねがいあげたてまつり》候《そうろう》

恐れ多いことですが書面にてお願い申し上げます

●ステップ1 ―― 「乍恐」の意味と用法を学ぼう

初めて古文書を手にしたときに接する事の多い言葉に、この「乍レ恐《おそれながら》」があります。これは村方などから役所などに提出する「願書」にもっとも頻出する表題だからです。1字目の「乍《ながら》」は下から返って読む助詞で、「〜であるが」「〜けれど」という意味です。したがって「乍恐」は「恐れ多いことではありますが」ほどの意味になります。この「乍」に付く言葉にはほかに「乍レ然《しかしながら》」「乍二少々一」「乍レ去《さりながら》」「乍レ申《もうしながら》」などがあります。また。「乍」には大きく分けて二つのくずし方があります。とですが、これはぜひ覚えてください。

それでは「乍恐」のもっとも頻出する例文を白文で掲げます。返読文字に気をつけて読んでみてください。

乍恐以書付御訴訟奉申上候

【解説】ここでは三つの返読文字が出てきます。「乍《ながら》」「以《もって》」「奉《たてまつり》」です。それぞれ下から返って読みます。頻出する文章（表題）ですのでぜひマスターしてください。
【読み下し】恐《おそ》れ乍《なが》ら書付《かきつけ》を以《もって》御《ご》訴訟《そしょう》申《もう》し上《あ》げ奉《たてまつ》り候《そうろう》
【現代語訳】恐れ多いことですが、書面にて訴え申し上げます。

●ステップ2 ――「乍」のくずし方と「乍」を含む慣用表現を覚えよう

「乍恐」のくずし方を紹介します。「乍」には二通りのくずし方があることがわかるでしょう。

この他に、「乍」にある言葉が付く例をいくつか示します。当然下の文字から読んで上に戻ります。

乍レ然《しかしながら》

乍レ併《しかしながら》

乍レ存《ぞんじながら》

乍レ申《もうしながら》

乍二少々一《しょうしょうながら》

乍二御世話一《おせわながら》

乍二不調法一《ぶちょうほうながら》

ここで、「乍」を含む例文を2例紹介します。自力で読んでみて下さい。

①

【筆法】は「然」で「しかり」と読みますが、上に「乍」がありますので「しかしながら」となります。は「触」の旧（正）字体「觸」です。

【語釈】本陣＝大名などが宿泊した宿舎。「陣」は「陳」と書かれることもあります。趣意＝趣旨、考え。

【解読】乍レ然本陣共儀者御触出之御趣意相守

【読み下し】然《しか》し乍《なが》ら本陣共《ほんじんども》儀《ぎ》は御触出《おふれだ》しの御趣意《ごしゅい》相守《あいまも》り

【現代語訳】しかしながら本陣たちのことについては御触の趣旨を守り

②

【筆法】は「聞」の典型的なくずしです。は「如何」で「いかが」と読みます。は「耳《みみへん》」に「徳」の旁で「聴」。「御聴」で「おきき」または「おんちょう」と読みます。

【語釈】風聞＝うわさ、風評、風説の意。入御聴＝「おききにいる」で、耳に入ること。

【解読】今般風聞与ハ乍レ申如何之儀入二御聴一御召捕相成

【読み下し】今般風聞《こんぱんふうぶん》とは申《もう》し乍《なが》ら如何《いかが》の儀《ぎ》御聴《おき》きに入《い》り御召《おめ》し捕《し》り相成《あいな》り

【現代語訳】このたびうわさとはいいながらどのようなことがお耳に入りお召し取りになり

●ステップ3 ―― 長文に挑戦

伝兵衛という入百姓《いりびゃくしょう》が出奔したため村方で探索したが見つけ出すことができなかったことを役所に届け出た文書の後半部分です。江戸時代では一般に欠落人《かけおちにん》が出ると親類や村役人に三十日を限って探索が命じられます。それでも見つけられない場合は、日限が延期され六切百八十日の捜索が命じられます。なお発見されない場合は、無期限の「永尋《ながたずね》」となります。

①　②　③　④　⑤

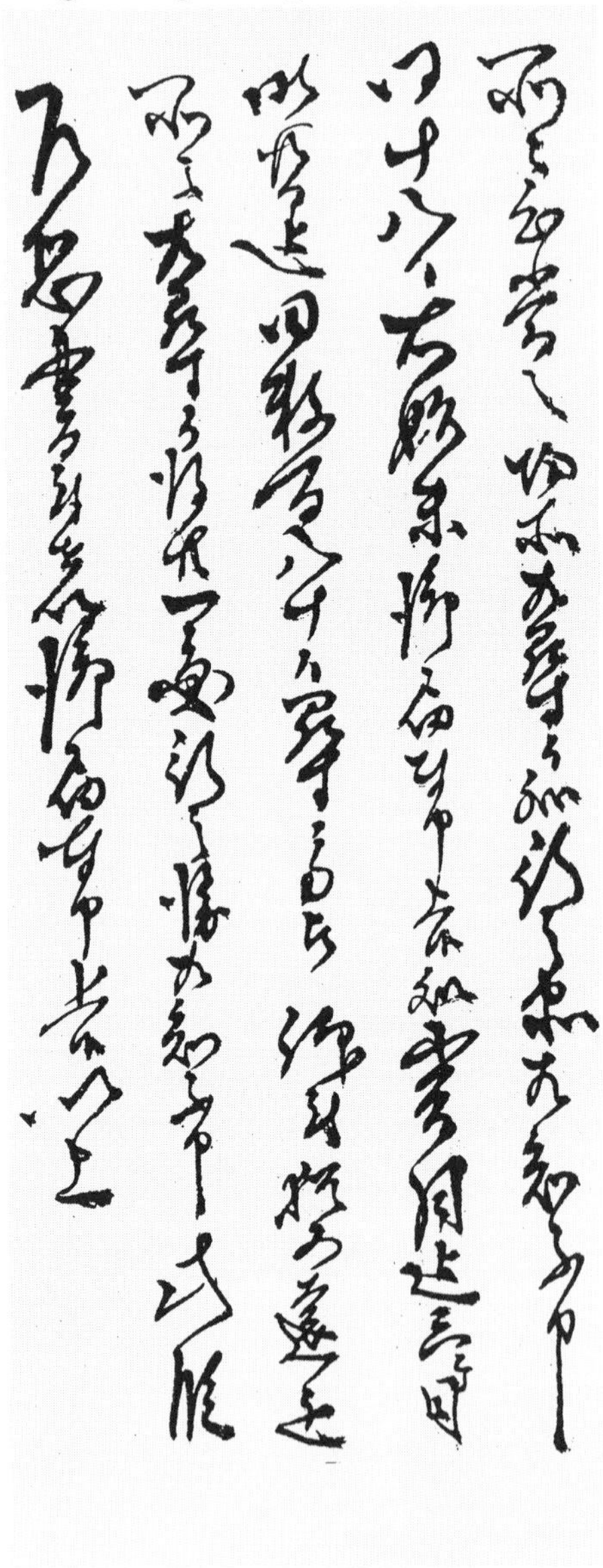

筆法・語釈

①は「所」の異体字のくずしと考えられ、頻出文字の一つです。は、「当」の旧（正）字体「當」。は「場」で、右上の日が省略された字体です。は、接頭語の「相《あい》」。語調を整えます。は「行之衛」と間に「之」が入っていますが「行衛」と同様と考えられます。②は「迄《まで》」の異体字「迠」。③は「昨」。旁が判然としませんがこのように書かれます。

ることもあります。は「米《こめへん》」に「攵《ぼくにょう》」で「数」の異体字「粆」です。は「犭《けものへん》」、旁は判読しにくいのですが「酋」で「猶《なお》」となります。④は「一円《いちえん》(圓)」と読みます。左右の点が「囗《くにがまえ》」にあたります。下に打ち消しの言葉が来て、まったく、さらに、の意です。

解読文

①所々心当之場所相尋候処行之衛《(くカ)》相知不レ申(候)、
②同十八日、右始末御届奉二申上一候処、当月迄三ケ月
③昨廿日迄日数百八十日尋方被一仰付一、猶又遠近
④所々相尋候得共、一円行之衛《(くカ)》相知不レ申(候)、此段
⑤乍レ恐書付を以御届奉二申上一候、以上

読み下し文

所々心当《しょしょこころあ》たりの場所《ばしょ》相尋《あいたず》ね 候処《そうろうところ》行之衛《ゆくえ》相知《あいし》れ申《もう》さず、同十八日《どうじゅうはちにち》、右始末《みぎしまつ》御《お》届《とど》け申《もう》し上《あ》げ 奉《たてまつ》り 候処《そうろうところ》、当月迄三《とうげつまでさん》か月《げつ》、昨二十日迄日数百八十日《さくはつかまでにっすうひゃくはちじゅうにち》尋《たず》ね方《かた》仰《おお》せ付《つ》けられ、猶又遠近所々相尋《なおまたえんきんしょしょあいたず》ね候《そう》らえ共《ども》、一円《いちえん》行之衛《ゆくえ》相知《あいし》れ申《もう》さず、此《こ》の段恐《だんおそ》れ乍《なが》ら書《か》き付《つ》けを以《もって》御《お》届《とど》け申《もう》し上《あ》げ 奉《たてまつ》り 候《そうろう》、以上《いじょう》

現代語訳

あちらこちら心当たりの場所を探してみたところ行方がわからず、同十八日に右の事情をお届け申し上げましたところ、今月まで三か月、昨日の二十日まで日数百八十日間探すように命じられ、さらにまた遠い所近い所をあちらこちら探しましたが、まったく行方がわからず、このことを恐縮ではありますが書面にして申し上げます、以上です。

§18 奉存（ぞんじたてまつり）

「存じ上げます」「思います」

偏ニ難レ有奉レ存候《ひとえにありがたくぞんじたてまつりそうろう》
ひたすら有りがたく存じ上げます。

●ステップ1 ――「奉存」の意味と用法を学ぼう

「奉」は返読文字で下の文字から読む動詞・補助動詞です。補助動詞の場合は「～し申し上げる」という謙譲の意味で用いますが、下に「存」という語が来ますと、「ぞんじたてまつる」で、「存じ上げます」という意味になります。「忝 奉レ 存 候《かたじけなくぞんじたてまつりそうろう》」とか、「歎 敷奉レ 存《なげかわしくぞんじたてまつり》 候《そうろう》」などと用います。

「奉存」の例文を白文で掲げます。少し長いようですが、返読文字に気をつけて読んでみてください。

無是非江戸御奉行所様江御願申上度奉存候

【解説】「無是非」は、「ぜひなく」と読み、しかたがなく。

【読み下し】是非《ぜひ》無《な》く江戸《えど》御奉行所様《ごぶぎょうしょさま》え（へ）御願《おねが》い申《もう》し上《あ》げたく存《ぞん》じ奉《たてまつ》り候《そうろう》

【現代語訳】しかたなく江戸町奉行所にお願い申し上げたいと思います。

●ステップ2 ――「奉存」のくずし方と「奉」を含む慣用表現を覚えよう

「奉存」のくずし方を紹介します。

この他に、「奉」に動詞などが付く例をいくつか示します。当然トの文字から読みます。

奉レ受《うけたてまつり》

奉レ請《うけたてまつり》

奉レ畏《かしこみたてまつり》

奉二恐入一《おそれいりたてまつり》

奉二答上一《こたえあげたてまつり》

奉二差上一《さしあげたてまつり》

奉二出訴一《しゅっそたてまつり》

奉二承知一《しょうちたてまつり》

奉二願上一《ねがいあげたてまつり》

奉二申上一《もうしあげたてまつり》

ここで、2例ほど「奉存」を含む例文を紹介します。自力で読んでみて下さい。

①

【筆法】は「多方」と書いて「おおかた」と読み、「大方」のことです。は、「難」の異体字「难」です。

【語釈】多方＝ほとんど、だいたい。欠ケ入＝「かけいり」と読み、川が氾濫し田畑などに水が入ること。

【解読】多方欠ケ入難儀ニ奉レ存候

【読み下し】多方《おおかた》欠《か》け入《い》り難儀《なんぎ》に存《ぞん》じ奉《たてまつ》り候《そうろう》

【現代語訳】ほとんど田畑に水が入り困惑しています。

②

【筆法】は「候而者」と書いて、「そうろうては」または「そうらわでは」と読みます。

【語釈】差支＝「さしつかえ」と読み、支障のこと。重々＝「じゅうじゅう・かさねがさね」と読みます。いくえにも、十分にの意。

【解読】御差支ニ相成候而者重々恐多奉レ存候

【読み下し】御差支《おさしつか》えに相成《あいな》り候《そうろう》ては重々《じゅうじゅう》恐《おそ》れ多《おお》く存《ぞん》じ奉《たてまつ》り候《そうろう》

【現代語訳】支障がありましたらこの上なく恐縮に存じます。

●ステップ3 ―― 長文に挑戦

この文書は、月に六回江戸と上方を往復していた二人の飛脚が差し出した「詫び状」の冒頭部分です。二人はこれまで遅配が多かったようで、仲間衆中は別の人を調達することを決めましたが、文書の後半では、詫を入れ、以前どおりにしてもらったようです。

①　②　③　④

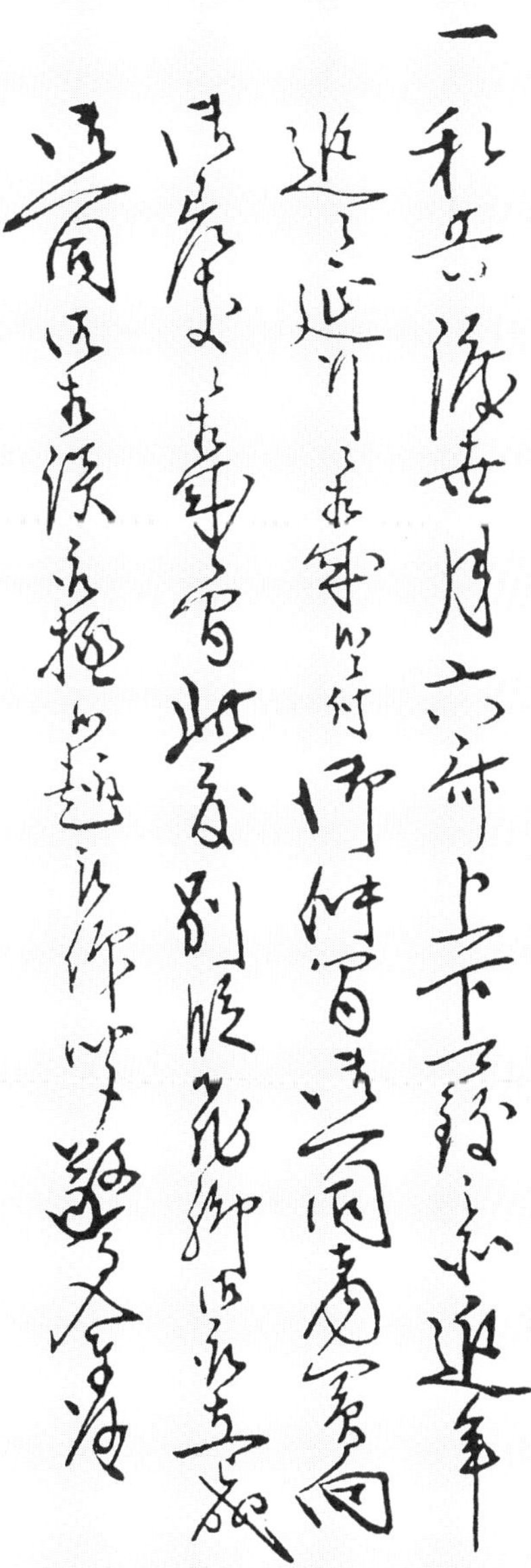

筆法・語釈　①は「渡世《とせい》」と読み、世渡り、暮らし、職業のこと。ここでは職業をさします。「世」は「世」の異体字。は「六斎飛脚」の略で、月に六度定められた所を往復した飛脚のことです。は「所」の異体字。「北」のくずし字に似ていますが、最初横画から入っているので「所」です。②は「追々《おいおい》」と読み、だんだん、次第と、の意。は「延引」で「えんいん・えんにん」と読み、予定が遅れること。「廴《えんにょう》」の上は「正」のくずしと同じです。は「成」でともくずされます。③は「差支《さしつかえ》」と読み、支障をきたすこと。「支」は「支」の異体字です。は「此《この》」、がもっともポピュラーです。は「飛脚《ひきゃく》」と読み、ここでは「六斎飛脚」のことです。④「被仰聞」と書いて「おおせきけられ」

または「**おおせきかされ**」と読みます。は、上部のが「敬」で下のが「馬」、したがって「**驚**」となります。

解読文

①一、私共渡世月六斎上下可レ致之所、近年
②追々延引ニ相成候ニ付、御仲間御一同商買（売）向
③御差支ニ相成候間、此度別段飛脚御取立被レ成、
④御一同御相談取極候趣被ニ仰聞一、驚入奉レ存候

読み下し文

一《ひとつ》、私共《わたくしども》渡世《とせい》月六斎《つきろくさい》上下《じょうげ》致《いた》すべきの所《ところ》、近年《きんねん》追《お》い追《お》い延引《えんいん》に相成《あいな》り候《そうろう》に付《つき》、御仲間《おなかま》御一同《ごいちどう》商売向《しょうばいむ》き御差《おさ》し支《つか》えに相成《あいな》り候間《そうろうあいだ》、此《こ》の度別段飛脚《たびべつだんひきゃく》御取《おと》り立《た》て成《な》され、御一同《ごいちどう》御相談取《ごそうだんと》り極《き》め候趣《そうろうおもむき》仰《おお》せ聞《き》けられ、驚《おどろ》き入《い》り存《ぞん》じ奉《たてまつ》り候《そうろう》

現代語訳

一つ、私どもの職業は六斎飛脚で往来を行き来していましたが、近年はだんだん遅延になってきたので、お仲間の方々の商売にも支障をきたし、今度別の飛脚を取り立てることを皆様が相談して決められたことを聞かされ、驚いています。

§19 遂吟味（ぎんみをとげ）

儀絶奉レ願候故遂二吟味一《ぎぜつねがいたてまつりそうろうゆえぎんみをとげ》

絶縁をお願いしたいのでよく調べて

「調査をして」「調べ糺して」

●ステップ1 ―― 動詞＋名詞の用法を学ぼう

「遂吟味」という慣用句は、「急度遂二吟味一《きっとぎんみをとげ》」とか、「随分遂二吟味一《ずいぶんぎんみをとげ》」などの表現で用いられます。よく調べ、調査し、糾明し、などの意味で用いられます。このように、古文書では「遂《とぐ》・」のほかに「及《およぶ》・」「致《いたす》」「得《う》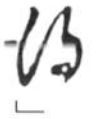」「期《きす》」「任《まかす》・」など、動詞が名詞に付き慣用句を形成します。例えば、「及二口論一《こうろんにおよび》（口論になり）」「致二加判一《かはんいたし》（加判して）」「得二其意一《そのいをえ》（承知し）」「期二貴面一《きめんをきし》（ごし）（お目にかかって）」「任二指図一《さしずにまかせ》（指図どおりに）」などがあります。§18で取り上げました「奉る」も同じ仲間です。このように古文書では、返読文字の動詞に名詞が付いて慣用句を作る場合が頻出します。例文をあげて、動詞＋名詞が文中でどのように使われるか見てみましょう。

若相背被申候ハヽ遂吟味急度可申渡候

【解説】「急度」は「きっと」と読み、①必ず、②厳しく、厳重に、③相違なく、しっかりと、④いそいで、などの意味がありますが、本例の場合は②の意味で用いています。
【読み下し】若《も》し相背《あいそむ》き申《もう》され候《そう》らわば吟味《ぎんみ》を遂《と》げ急度《きっと》申《もう》し渡《わた》すべく候《そうろう》
【現代語訳】もし背いたならば調査をして厳しく申し渡しなさい。

●ステップ2 ――「動詞＋名詞」の慣用句を覚えよう

「遂吟味」をはじめ、ステップ1で例に上げました「動詞＋名詞」の慣用句を古文書から拾ってみました。意味も記しますのでしっかり覚えてください。

遂二吟味一《ぎんみをとげ》（調べて）

難レ得二其意一《そのいをえがたく》（承知できず）

不レ限二昼夜ニ一《ちゅうやにかぎらず》（昼夜兼行で）

及二催促一《さいそくにおよび》（催促して）

期二貴面一《きめんをきし》（お目にかかって）

及二懸合一《かけあいにおよび》（掛け合って）

任二其意一《そのいにまかせ》（言うとおりに）

蒙二御下知ヲ一《おげちをこうむり》（命令され）

致二合力一《ごうりきいたし》（金品を援助し）

可レ任二差図一《さしずにまかすべく》（差図どおりに）

さて、「動詞＋名詞」を含む例文を読んでみましょう。

①

【筆法】〔くずし字〕は「万一《まんいち》」と読み、もしも、の意。「万」は旧(正)字体「萬」が用いられています。〔くずし字〕は「罷」で「まかり」と読みます。接頭語的に使われる動詞です。〔くずし字〕は「有之《これあり》」に助詞の「は」が付いた形で「これあらば」と読みます。

【語釈】急度＝「きっと」と読み、厳しくの意。遂穿鑿＝「せんさくをとげ」と読み、糾明して、の意。

【解読】万一不二罷出一者有レ之者急度可レ遂二穿鑿一

【読み下し】万一《まんいち》罷《まか》り出《い》でざる者《もの》これ有《あ》らば急度《きっと》穿鑿《せんさく》を遂《と》ぐべし

【現代語訳】もし出頭しないものがいたら厳しく糾明しなさい。

②

【筆法】〔くずし字〕は「迄《まで》」の異体字「迠」です。〔くずし字〕は「遅」の典型的なくずし字です。

【語釈】勘定＝支払うべき代金。

【解読】是迄諸勘定合金五両三分余返済及二遅滞ニ一候

【読み下し】是迄諸勘定合《これまでしょかんじょうあわ》せて金五両三分余《きんごりょうさんぶあま》り返済遅滞《へんさいちたい》に及《およ》び候《そうろう》

【現代語訳】今までのさまざまな勘定を合計し金貨で五両三分余りの返済が滞っています。

③

【筆法】の旁は典型的な「乍」、ともくずします。は「時」の異体字「时」。は「等」の異体字「才」。

【語釈】去＝「さる」と読み、去年のこと。一昨年は「去々年」といいます。夫食＝「ふじき・ぶじき」と読み、農民の食料とする米穀。食料。当時＝現在。迷惑＝生活に困り苦しむこと。

【解読】村方去酉年不作ニ付当時夫食等ニ茂指支致二迷惑一候

【読み下し】村方《むらかた》去《さ》る酉年《とりのとし》不作《ふさく》に付《つき》当時《とうじ》夫食《ふじき》等《など》にも指《さ》し支《つか》え迷惑《めいわく》致《いた》し候《そうろう》

【現代語訳】村では去年の酉年が不作で、現在は食料にも支障があり難儀しています。

●ステップ3 ―― 長文に挑戦

次に、「五人組帳前書」から、このセクションのテーマであります「遂吟味」を用いた部分を紹介します。ここでは年貢を納めるさいの注意点が書かれています。

① ② ③

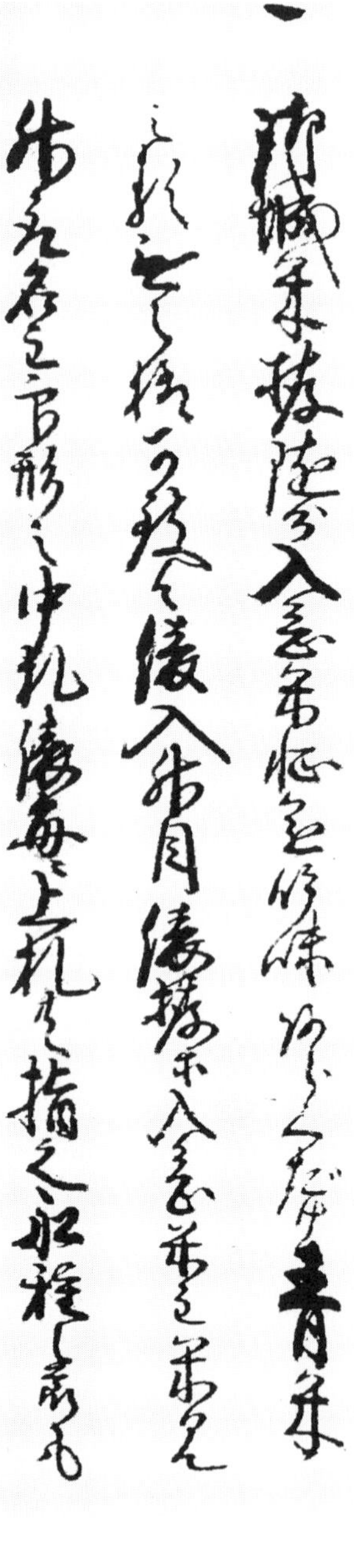

④ ⑤

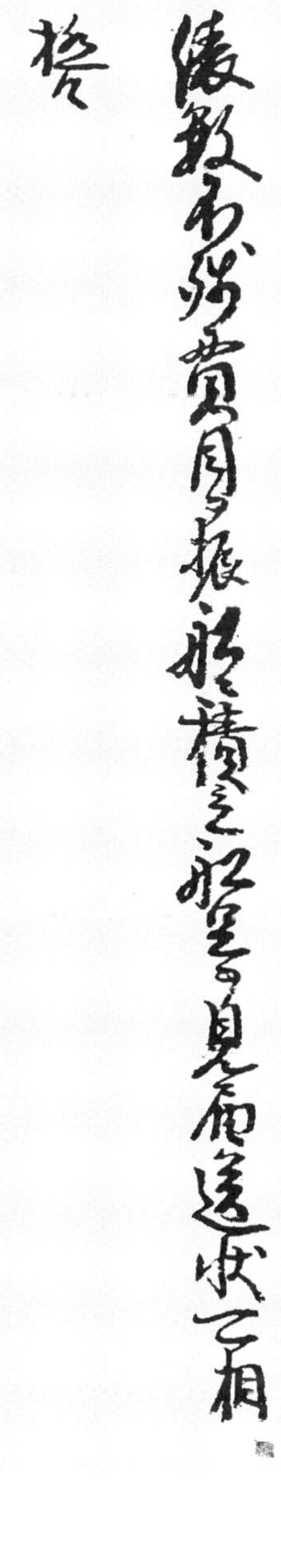

筆法・語釈

①は「城米《じょうまい》」で、幕府が直轄地などに命じて軍事や飢饉に備えて貯蔵させた米穀をいいます。は「怔」で、「しょう」と読みます。性質のことです。「土怔」ならば土の性質。は仮名で「あらくだけ」と読み、「砕け米」のことです。籾摺りや精白のさいに粒が砕けた米のことです。は「青米《あおごめ》」と読み、成熟していない米の粒。②は「俵入《たわらいれ》」で、一俵の俵に入る米の量のこと。は「俵拵《たわらこしらえ》」と読みます。年貢として納める米を俵に詰めることです。は「米見《こめみ》」で、米の品質を判断する役人。③は「升取《ますとり》」と読み、「枡取」とも書きます。枡で量る係りの人のことです。⑤は船の進む速さと、船体の水中に没している部分の深さ、つまり喫水の二つの意味があります。ここでは後者の方でしょう。

解読文

① 一、御城米拵随分入レ念、米怔遂二吟味一、あらくだけ・青米

② 之類無レ之様可レ致候、俵入・升目・俵拵等入レ念、米主・米見・

③ 升取・名主印形之中札俵毎ニ上札共指レ之、船種(積カ)之節も

④ 俵数不レ残貫目ヲ振、船ニ積立、船足ヲ見届送状可ニ相

⑤ 極一候

読み下し文

一《ひとつ》、御城米《ごじょうまい》拵《こしら》え随分念《ずいぶんねん》を入《い》れ、米怔吟味《こめしょうぎんみ》を遂《と》げ、あらくだけ・青米《あおごめ》の類《たぐ》いこれ無《な》き様《よう》致《いた》すべく候《そうろう》、俵入《たわらい》れ・升目《ますめ》・俵拵《たわらごしら》え等念《などねん》を入《い》れ、米主《こめぬし》・米見《こめみ》・升取《ますとり》・名主印形《なぬしいんぎょう》の中札俵毎《なかふだたわらごと》に上札共《うわふだとも》これを指《さ》し、船積《ふなづみ》の節《せつ》も俵数残《たわらかずのこ》らず貫目《かんめ》を振《ふ》り、船《ふね》に積《つ》み立《た》て、船足《ふなあし》を見届《みとど》け送《おく》り状相極《じょうあいきむ》べく候《そうろう》

現代語訳

一つ、御城米の拵えには念には念を入れ、米の性質をよく調べ、砕け米や青米の類いがないようにしなさい。俵入れ・升目・俵拵えなどは入念にして、米主・米見・升取・名主が押印した中札を上札といっしょに俵ごとに指し入れ、船積みのときも俵数残らず重量を付け（記し）、船に積み立てて、船の喫水を見届けてから送り状を定めなさい。

§20 以御慈悲（ご〈お〉じひをもって）

何卒格別之以二御慈悲一《なにとぞかくべつのごじひをもって》
どうか特別な御慈悲で

「お慈悲で」「慈悲によって」

●ステップ1 ――「以」の用法を学ぼう

古文書の表題によく「乍レ恐以二書付一《おそれながらかきつけをもって》」と出てきますが、この「以」について学びましょう。まずはじめにもっとも用いられる用法で、「以御慈悲」の「以」があります。これは手段や方法あるいは材料を示しますが、～によって、～で、などと訳します。他に頻出する例文としては「御仁恵ヲ《ごじんけいを》以《もって》」「御憐憫《ごれんびん》を以《もって》」「鉄砲《てっぽう》を以《もって》」「証文《しょうもん》を以《もって》」「別紙《べっし》を以《もって》」などがあります。2番目に、原因や理由を示す場合があります。たとえば「宿意《しゅくい》を以右躰之所業《もってみぎていのしょぎょう》ニおよひ」という文は、宿意すなわち長年の恨みで、ということで、右の行為になった理由を述べているわけです。3番目に、別の言葉に添えてその意を強調するときに用いる用法があります。たとえば「先以《まずもって》」とか「猶以《なおもって》」「寔ニ以《まことにもって》」「甚以《はなはだもって》」などです。例文をあげますと、「甚以困り入候《はなはだもってこまいりそうろう》（たいへん困ってしまいました）」「誠以難レ有仕合奉レ存候《まことにもってありがたきしあわせにぞんじたてまつりそうろう》（本当にありがたく存じ上げます）」「全以等閑《まったくもってとうかん》《なおざり》ニいたし置候《おきそうろう》（まったくなおざりにしておきました）」などがあります。その他に、接続詞的に用いる場合もあります。ここで頻出します一番目の意味の例文を一つ白文で紹介します。

以御憐愍御内済被下、千万難有仕合ニ奉存候

【解説】「憐愍」は「**れんびん**」と読み、あわれむこと、情けをかけること。「**内済**」は「**ないさい**」と読み、内々に決着すること。和解すること。「**千万**」は数が多いことで、程度の甚だしいことをいいます。

【読み下し】御憐愍《ごれんびん》を以《もって》御内済下《ごないさいくだ》され、千万《せんばん》有《あ》り難《がた》き仕合《しあわ》せに存《ぞん》じ奉《たてまつ》り候《そうろう》

【現代語訳】お情けによって和解してくださり、とても有りがたく感謝申し上げます。

●ステップ2 ――「以」のくずし方とその慣用句を覚えよう

「**以**」は「**もって**」と「**い**」(以上など)と二つの読み方がありますが、現在使用されています平仮名の「い」の字母漢字でもあります。したがって、「以」がくずれていきますと「い」となります。まずはじめに「以」のくずし方を見てみましょう。

「**~をもって**」は返読文字として「**以御慈悲**」と表記される場合と、ごく普通に「**御慈悲を以**」と書かれる場合とあります。「**以**」の慣用句を古文書から拾ってみました。

以㆓書付㆒《かきつけをもって》
証文《しょうもん》を以《もって》
御慈愛《ごじあい》を以《もって》
御仁恵《ごじんけい》を以《もって》

相場《そうば》を以《もって》
訴状《そじょう》を以《もって》
以㆓取扱㆒《とりあつかいをもって》
御憐察《ごれんさつ》を以《もって》

別紙《べっし》を以《もって》
弥々以《いよいよもって》
今以《いまもって》
今以《いまもって》
旁以《かたがたもって》
甚以《はなはだもって》

では、「以」を含む例文を読んでみましょう。

①

【筆法】は「艱難《かんなん》」と読みます。どちらの文字とも偏は活字では同じですが、若干くずし方を変えています。は「別」という漢字ですが、偏の上の口が点に略されています。は上から受身・尊敬の助動詞「被《る・らる》」、2字目は「下《くだす》」、次は「置」、その下は点にまで略された「候」に「八丶」が付いた形。通して「くだしおかれそうらわば」と読みます。

【語釈】艱難＝困難の中で苦しみ悩むこと。憐愍＝「れんびん」と読み、憐れみ情けをかけること。

【解読】艱難之本陣共格別之御憐愍を以御救被㆓下置㆒候ハヽ、

【読み下し】艱難《かんなん》の本陣共格別《ほんじんどもかくべつ》の御憐愍《ごれんびん》を以《もって》御救《おすく》い下《くだ》し置《お》かれ候《そう》らわば

【現代語訳】困窮の本陣たちを特別なお憐れみでお救いくだされば

②

【筆法】の1字目は典型的な「取」のくずし字。次は左側が「言《ごんべん》」で右側が「十」したがって「計」のくずしです。「斗」と同じように書かれますので要注意。は上が「内」で右下は踊り字。は「氵《さんずい》」に「斉・斎」で「済」。ここでは「すます」と読みます。の1字目は「ら」、もしくは片仮名の「ヒ」のように見えますが、受身・尊敬の助動詞「被《る・らる》」、次は「下」で最後は「候」。3文字で「**くだされそうろう**」と読みます。

【語釈】貴公＝「**きこう**」と読み、本来は目上の相手をさす言葉。あなた。そこもと。

【解読】貴公様御取計ヲ以内々ニて御済被レ下候

【読み下し】貴公様《きこうさま》御取《おと》り計《はか》らいを以内々《もってないない》にて御済《おす》まし下《くだ》され候《そうろう》

【現代語訳】あなた様のお取り計らいで内々にてお済ませくださいました。

③

【筆法】の1字目は「歎」で「嘆」と同じ意味です。2字目は「敷」と読み、形容詞の活用語尾「しく」の当て字です。は下から「存じ奉り」と読みます（§18参照）。

【語釈】下知＝「**げち・げじ**」と読み、差図、命令。

【解読】只今以何之御下知無二御座一歎敷奉レ存候

【読み下し】只今以何《ただいまもってなん》の御下知《おげち》も御座無《ござな》く歎《なげ》かわしく存《ぞん》じ奉《たてまつ》り候《そうろう》

【現代語訳】今の今までなんの差図もなく嘆かわしく思います。

●ステップ3 —— 長文に挑戦

この古文書は、駿河国《するがのくに》原宿《はらじゅく》の平左衛門が上石田村の名主清十郎に、松平数馬様への御用金として三百両を用立てましたが、返済の期日になっても一銭も返済してくれないため、江戸の奉行所へ願い出ることとし、幕府代官の会田伊右衛門役所に添え状をいただきたい旨を願い出た史料の後半部分です。高位の人や役所などに願い出るときの決まり文句として「御慈悲をもって」という文言が使われています。

① ② ③ ④

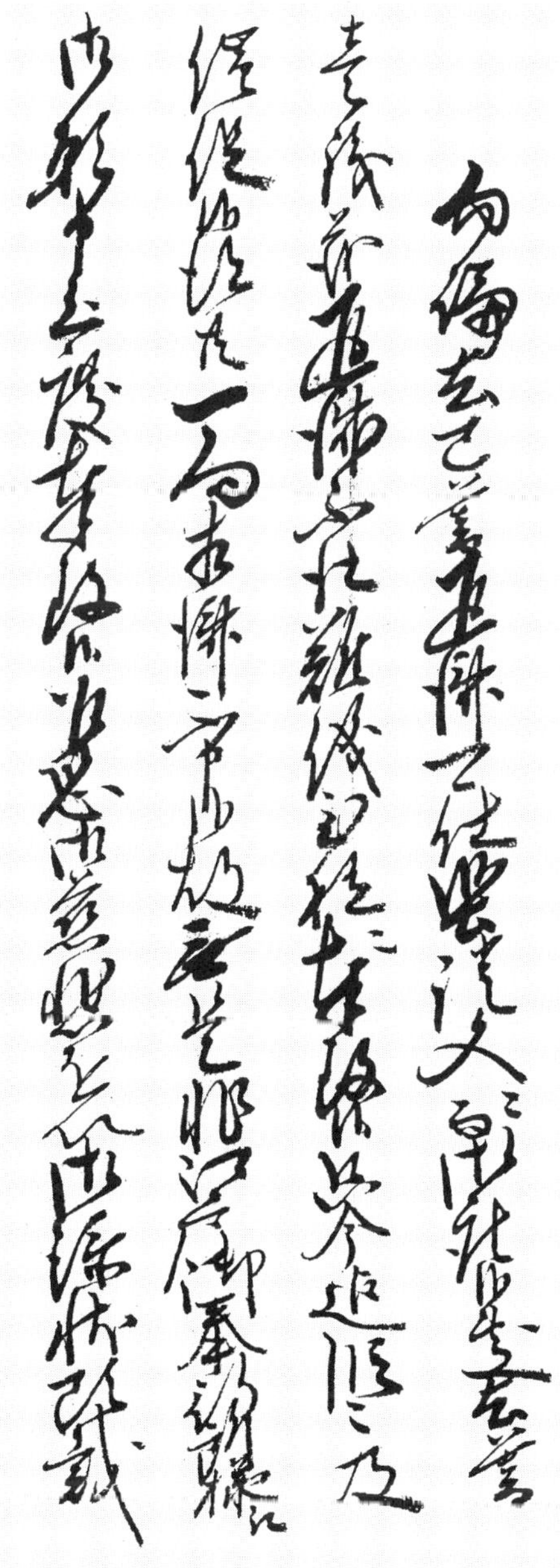

⑤

筆法・語釈

①は十二支の「巳《み》」です。十干の「己《つちのと》」ではありませんので注意してください。は「返」ですが、右上の「反」の2画目が左下へ長く伸びる字体も頻出しますので合わせて覚えてください。はこの行に2度出てきます。「暮《くれ》」と読みますが、これは「暮《く》らす」と読む場合と、年末の「暮《くれ》」との二つの読み方があります。は「堅《かたく》」です。左上の「臣」が「リ」のようになります。②は変体仮名の「も」です。字母漢字はもちろん「茂」です。は「難儀至極《なんぎしごく》」と読みます。「難」は異体字の「雉」です。は「占う」に「⻌《しんにょう》」で、「迄《まで》」の異体字「迠」です。は「段々《だんだん》」と読みます。次第に、少しずつ、いろいろと、何度も、などの意味です。は次の行頭「催促《さいそく》」から先に読み「及」に返ります。したがって「催促におよび」となります。③は「候得共」で「そうらえども」と読み、〜だけれども、と訳します。は「一向」で「いっこう」と読み、まったく〜せず、の意味です。は「故《ゆえ》」で、〜なので、と理由・原因を表します。は下の熟語から「是非無《ぜひな》く」と読み、しかたなく、の意です。④は§17で学習しましたが、「乍恐」で下から「恐れながら」と読みます。は「頂戴《ちょうだい》」ですが、1字目の偏の書き方が不明瞭です。一般的にはなどとくずします。つまり最初の文字の偏は「丁」、旁は「頁」で「頂」となります。⑤は上部が「日」で下部が「十」、したがって「早」となります。下の「十」の書き順に注意してください。の始めの文字は「罷」で「まかり」と読みます。語調を整えたり強調するときに用いる

接頭語的な言葉です。は「亻《にんべん》」に「扁」で「偏」となり、「ひとえに」と読みます。ひたすらに、もっぱら、の意です。

解読文

①勿論、去巳暮返済可レ仕堅証文ニ而御座候処、去暮
②壱銭茂返済不レ仕、難儀至極ニ奉レ存候、只今迄段々及ニ
③催促一候得共、一向相済不レ申候故、無ニ是非一江戸御奉行所様江
④御願申上度奉レ存候、乍レ恐御慈悲を以御添状頂戴
⑤仕、早速罷下り申度候、御添状之義偏奉ニ願上一候、以上

読み下し文

勿論《もちろん》、去《さ》る巳《み》の暮返済《くれへんさい》仕《つかまつ》るべく堅《かた》く証文《しょうもん》にて御座候処《ござそうろうところ》、去《さ》る暮壱銭《くれいっせん》も返済《へんさい》仕《つかまつ》らず、難儀至《なんぎし》極《ごく》に存《ぞん》じ奉《たてまつ》り候《そうろう》、只今迄段々催促《ただいままでだんだんさいそく》に及《およ》び候《そう》らえ共《ども》、一向相済《いっこうあいす》み申《もう》さず候故《そうろうゆえ》、是非《ぜひ》無《な》く江戸《えど》御奉行所様《おぶぎょうしょさま》（へ）え御願《おねが》い申《もう》し上《あ》げたく存《ぞん》じ奉《たてまつ》り候《そうろう》、恐《おそ》れ乍《なが》ら御慈悲《ごじひ》を以《もって》御添《おそ》え状頂戴《じょうちょうだい》仕《つかまつ》り、早速罷《さっそくまか》り下《くだ》り申《もう》したく候《そうろう》、御添《おそ》え状《じょう》の義《ぎ》偏《ひとえ》に願《ねが》い上《あ》げ奉《たてまつ》り候《そうろう》、以上《いじょう》

現代語訳

勿論、去年の巳年の暮に返済するようかたく証文を取り交わしましたが、去年の暮は一銭も返済せず、大変困っていました。今日まで何度も催促しましたけれど、まったく返済しないので、しかたなく江戸の奉行所に御願い申し上げたいと思っております。恐れ多いことですがお慈悲で添え状をいただき、早速江戸へ参りたく存じます。添え状の件いちずに御願い申し上げます、以上。

§21 難有（ありがたく）

「感謝したく・めったにない～」

難レ有仕合《ありがたきしあわせ》ニ《に》奉レ存《ぞんじたてまつり》候《そうろう》
願ってもないご処置と感謝いたします。

●ステップ1 ――「難有」の意味と用法の違いを学ぼう

「難有」という言葉はこれ1語で形容詞ですが、元来「有る」と「かたし」という2語から出来た言葉です。すなわち「有ることが難しい」というところから「ありそうにもない」「めったにない」「貴重なほどもったいない」という意味になり、現代でも同様に用いる表現になったわけです。

さて、古文書では「難レ有仕合《ありがたきしあわせ》」という慣用句が頻出しますが、これも二つの意味があります。つまり、ありがたく幸せです、という意味と、幸不幸に関係なく「ありがたい処置」という意味があります。その違いは文章の流れで判断しなくてはなりませんし、どちらともとれる場合が少なくありません。

また、「難《かたし》 」は、さまざまな動詞などに付き、それをするのが容易でないという意味で用いられます。たとえば、「難レ計《はかりがたき》（思いもよらない）」「難レ得二其意一《そのいをえがたく》（承知できず）」「難二捨置一《すておきがたく》（捨ててはおけない）」などと用います。

例文を一つあげます。先ほど申し上げました二つの意味を考えながら読んでみてください。

御慈悲之御趣意一同冥加至極難有仕合奉存候

【解説】「御慈悲之御趣意《ごじひのごしゅい》」は、慈愛に満ちたお考え。「冥加至極《みょうがしごく》」もお礼を述べる時の慣用句で、この上なく程の意味です。

【読み下し】御慈悲《ごじひ》の御趣意《ごしゅい》一同《いちどう》冥加至極《みょうがしごく》有《あ》り難《がた》き仕合《しあわ》せに存《ぞん》じ奉《たてまつ》り候《そうろう》

【現代語訳】慈悲あるお考えで全員この上なく有りがたいご処置とうれしく存じ上げます。

●ステップ2 ——「難」のくずし方と慣用句を覚えよう

それでは「難」のくずし方をいくつか見てみましょう。古文書では多くの場合「雉」という異体字が用いられます。また、「叵」も「かたし」と読み、同じように使われます。

次に「難有」と「難有仕合」のくずしの例、およびさまざまな動詞に付いて「～することが難しい」という意味の表現を古文書から拾ってみましょう。

【難有】

【難有仕合】

【難〜】

難二相成一

難レ治

難レ及

難レ計

ここで「難」を含む短文を読んでみましょう。

①

【筆法】は「解」の異体字「觧」です。は「難」の異体字「难」が使われています。は偏が「リ」で旁は「帚」ですので「帰」となります。というくずし方も頻出します。

【語釈】利解＝「りかい」と読み、理解・利害とも書き、理解すること、解き諭すこと、説得すること。

【解読】厚御利解被二仰渡一一同難レ有奉レ存、帰村仕候

【読み下し】厚《あつ》き御利解《ごりかい》仰《おお》せ渡《わた》され一同《いちどう》有《あ》り難《がた》く存《ぞん》じ奉《たてまつ》り、帰村《きそん》仕《つかまつ》り候《そうろう》

【現代語訳】しっかり説諭されましたので、一同有りがたく思い、帰村いたします。

②

【筆法】は面積の単位「歩《ぶ》」の異体字「卜」で、割合や金銭を表す単位「分」の異体字でもあります。

は「溜」の異体字「𣸪」。は①でも出てきました「難」ですがこちらのくずし方のほうが分りやすいようです。

【語釈】壱反歩＝「いったんぶ」と読みます。一反は一〇畝《せ》、約一〇アール。一畝は三〇歩。一歩は一坪ともいい、約三・三平方メートル。一反ちょうどの時は、反の下に「歩」を付けるのが慣例でした。

【解読】壱反歩余も水溜り二罷成、容易ニ埋立難ㇾ相成ㇾ

【読み下し】壱反歩《いったんぶ》余《あま》りも水溜《みずたま》りに罷成《まかりな》り、容易《ようい》に埋《う》め立《た》て相成《あいな》り難《がた》く

【現代語訳】一反歩余りも水溜りになり、簡単に埋め立てもできず

●ステップ3 —— 長文に挑戦

この文書は、「質地」をめぐる争論の済口証文の一部です。半右衛門が質入れしていた田畑が流れ、よのが所持することになり争論の決着をみたというもので、知行所が訴訟を取り上げたことに対し感謝している旨が述べられています。江戸時代の古文書では、訴訟が内済したり決着した場合、役所にたいし「難ㇾ有仕合ニ奉ㇾ存候」という慣用句がしばしば用いられます。

①

②

③

筆法・語釈　①は「質地《しっち》」と読みます。質入れした田畑のことです。は人名の一部ですが「半」です。筆順に注意してください。は「流地証文」で「ながれちしょうもん」と読み、取り決められた期限が過ぎ質流れになったさいに取り交わす証文のことです。②は「熟談内済《じゅくだんないさい》」と読み、納得するまでよく話し合い和解することです。③は「偏ニ」で「ひとえに」と読み、ひたすら、もっぱらの意。

解読文

①右質地今般半右衛門方ニ而流地証文ニ書替、

②よの方江相渡し、一同無二申分一熟談内済仕、

③偏ニ　御威光与難レ有仕合ニ奉レ存候

読み下し文

右質地《みぎしっち》今般《こんぱん》半右衛門方《はんえもんかた》にて流地証文《ながれちしょうもん》に書《か》き替《か》え、よの方《かた(へ)》え相渡《あいわた》し、一同申《いちどうもう》し分無《ぶんな》く熟談内済《じゅくだんないさい》仕《つかまつ》り、偏《ひとえ》に御威光《ごいこう》と有《あ》り難《がた》き仕合《しあわ》せに存《ぞん》じ奉《たてまつ》り候《そうろう》

現代語訳

右の質地は、今度半右衛門方で流地証文に書き替えてよの方へ渡すということで、一同異議なく和解しましたのも、ひとえに御役所様の御威光があったからと有りがたく存じ上げます。

§22 如此（かくのごとく）

「このように」

如レ此《かくのごとく》申上《もうしあげ》候《そうろう》義《ぎ》偽《いつわり》ニ《に》御座候《ござそうろう》

このように申し上げたことは偽りです。

●ステップ1 ―― 「如此」の意味と用法の違いを学ぼう

「如此」は「如斯」とも書き、下から先に読んで上に返る返読文字の一つです。このようである、こんなふうである、などの意味です。

「如」は、ある事柄が他と同じであったり、似かよっていることを表すので、～のとおりだ、～のようだと訳します。たとえば、文章の最後の文言である「如レ件《くだんのごとし》」は、以上述べてきたとおりです、という意味ですので、「如」が、前文に書き記された事柄であることを表すわけです。この「如」に、ある事柄を指し示す「此・斯」が付いて「如此・如斯」となるわけです。たとえば「如レ此《かくのごとく》ニ《に》差出《さしだし》申候《もうしそうろう》」とあれば、このとおり差し出します、「如レ斯《かくのごとく》内々《ないない》ニ《に》而《て》御済《おすまし》被レ下《くだされ》」とあれば、このように内々で済ましてくださって、となるわけです。

それでは「如此」を含む短文を白文であげます。送り仮名や返読文字に気をつけて読んでみましょう。

如此加印之衆中御立会御相続被成

【解説】「加印」は「かいん」と読み、保証のために印鑑を押すこと。「衆中」は、多くの人々の意。

【読み下し】此《か》くの如《ごと》く加印《かいん》の衆中《しゅうちゅう》御立《おた》ち会《あ》い御相続《ごそうぞく》成《な》され

【現代語訳】このように印鑑を押してくれた人々が立ち会って相続し

●ステップ2 ――「如此・如斯」のくずし方と慣用句を覚えよう

それでは「如此・如斯」のくずし方をいくつか見てみましょう。

【如此】

【如斯】

「如此」と「如斯」の用法に違いはありません。また、しばしば「如是」と書かれることもあります。

ここで「如此・如斯」を含む短文を読んでみましょう。

①

【筆法】は「身躰《しんだい》」と読みます。「身」のくずしはぜひ覚えておきましょう。「躰」は「体」の異体字で、一般的にはとくずされます。はちょっと読みづらいくずしです。上の「困」とともに「困窮《こんきゅう》」と読みます。「窮」は普通とくずされます。は「拝借《はいしゃく》」と読みます。「拝」は「拝」の新字体で・・ともくずされます。

【語釈】身体＝からだ。ここでは「身代《しんだい》」と同じ意味で使われています。

【解読】私身体困窮仕候付如レ此拝借仕候

【読み下し】私《わたくし》身体《しんだい》困窮《こんきゅう》仕《つかまつ》り候《そうろう》に付《つき》此《か》くの如《ごと》く拝借《はいしゃく》仕《つかまつ》り候《そうろう》

【現代語訳】私は暮らし向きが困窮していましたのでこのように拝借しました。

②

【筆法】の1字目の「取」は典型的なくずし方。2字目は「究《きめ》」で「決」と同義。は「年番《ねんばん》」と読みます。「年」の筆順に注意してください。「ノ」の次に先に縦画を円を描くように書いてから横画に移ります。は「預《あず》り置《おく》」と読みます。

【語釈】年番＝一年ごとに交代して務めること。

【解読】如レ斯取究候上者此書附年番之者預り置

【読み下し】斯《か》くの如《ごと》く取《と》り究《き》め候《そうろう》上《うえ》は此《こ》の書附年番《かきつけねんばん》の者《もの》預《あず》り置《お》き

【現代語訳】このとおり取り決めたうえはこの書付を年番の者が預かりおいて

この古文書は、中山道馬籠《まごめ》宿問屋が下伊那《しもいな》の助郷村々に送った人足催促状の後半部分です。これは日光例幣使の下向のさいに発給されたもので、規定以上の無賃人馬を要求したものですが、しばしばこのような沿道の村人たちを苦しめる助郷の催促があったようです。

① ② ③ ④ ⑤

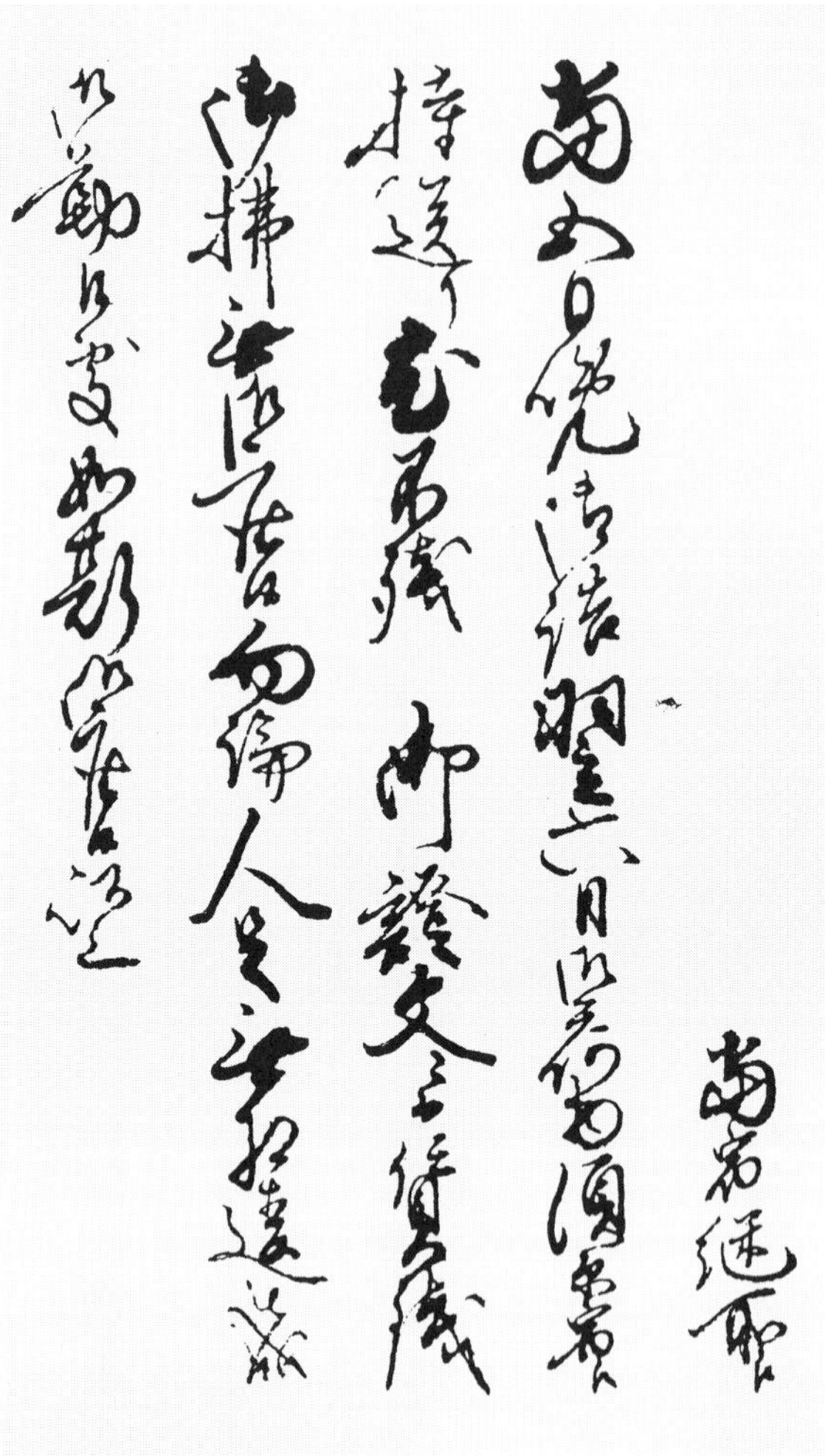

筆法・語釈

①は「当宿継所《とうしゅくつぎしょ》」と読み、中山道馬籠宿問屋場をさします。②は「口《くちへん》」に見えますが「日《ひへん》」で「晩」と読みます。③は「尤《もっとも》」と読む接続詞です。意味は、但し、

そうはいっても。は「不残」で下から「のこらず」と読みます。すべて、という意味です。は読めると思いますが、「証文」です「証」は旧(正)字体の「證」を用いています。ここでの「証文」は京都所司代が発行した証文で、宿駅では無料で人馬を使うことができました。④は「払」の旧(正)字体「拂」。は「無相違」で「相違なく」と下の熟語から読みます。間違いなく、の意です。の1字目は受身・尊敬の助動詞「被」で、下から「成され」と読みます。は典型的な「勤」のくずし字です。

解読文

① 当宿継所江
② 当五日晩御詰、翌六日御荷物須原宿江
③ 持送り、尤不レ残　御証文ニ而賃銭
④ 御払無ニ御座一候、勿論人足無ニ相違一被レ成ニ
⑤ 御勤一候処如レ斯御座候、以上

読み下し文

当宿継所《とうしゅくつぎしょ》え《(へ)》当五日晩《とういつかばん》御詰《おつ》め、翌六日《よくむいか》御荷物《おにもつ》須原宿《すはらじゅく》え《(へ)》持《も》ち送《おく》り、尤《もっと》も残《のこ》らず御証文《ごしょうもん》にて賃銭《ちんせん》御払《おはら》い御座《ござ》無《な》く候《そうろう》、勿論人足相違《もちろんにんそくそうい》無《な》く御勤《おつと》め成《な》され候《そうろう》処《ところ》斯《か》くの如《ごと》くに御座《ござ》候《そうろう》、以上《いじょう》

現代語訳

当宿継所へ今日五日の晩に詰め、翌六日にお荷物を須原宿へ送り、ただし全て証文により賃銭の支払いはありません。もちろん人足は間違いなく勤務することはこのとおりでございます、以上。

§23　厳敷【鋪・鋪】（きびしく）

「きびしく」

上納《じょうのう》可レ仕《つかまつるべき》段厳敷《だんきびしく》被レ為二仰付一《おおせつけなされ》

上納の件について厳しく命じられ

●ステップ1 ――「敷・鋪」の意味と用例を学ぼう

口語文の形容詞でも、たとえば「美しい」という言葉に用言（動詞など）が付くときは、「美しく着飾る」などと「しく」という活用語尾が付きます。それは文語でも同様です。古文書ではこの活用語尾の「しく」や「しき」に「**敷**・**鋪**」（まれに「鋪」と書かれる場合もあります）という字を当てます。「よろしく」は「宜敷」、「あやしく」は「怪敷」と書き表します。タイトルにしました「**厳敷**」の終止形は「**きびし**」で、「厳敷御咎《きびしきおとがめ》」「厳敷申渡置《きびしくもうしわたしおき》」などと用います。それでは例文を一つあげますので読み下してみてください。

右門弟悪事ニ落不入様ニ厳敷取締可申候事

【解説】「落不入様ニ」は、「**落ち入らざるように**」と読みます。「落ち入る」は「陥る」の当て字です。

【読み下し】右門弟《みぎもんてい》悪事《あくじ》に落《お》ち入《い》らざる様《よう》に厳《きび》しく取《と》り締《し》まり申《もう》すべく候事《そうろうこと》

【現代語訳】右の門弟が悪事に走らないように厳しく取り締まりなさい（取り締まること）。

●ステップ2 ――「敷・鋪」のくずし方と形容詞を覚えよう

「敷・鋪」のくずし方を何通りか紹介します。

【敷】

【鋪】

それではさまざまな形容詞を古文書から拾ってみます。いずれも頻出します。くずし方にも注意してみてください。

悪敷《あしく》　怪敷《あやしく》　如何敷《いかがわしく》　厳敷《きびしく》　委敷《くわしく》　歎敷《なげかわしく》

甚敷《はなはだしく》　久敷《ひさしく》　紛敷《まぎらわしく》　六ケ敷《むずかしく》　睦敷《むつまじく》　宜鋪《よろしく》

ここで、２例ほど「しく活用」の形容詞を含む短文を紹介しましょう。

①

【筆法】は「氵《さんずい》」に「貴」で「潰」となり「つぶれ」と読みます。の偏は典型的な「車《くるまへん》」、旁は「専」で「転」の旧（正）字体「轉」です。は「よ」と「り」の合字で「より」と読みます。

【語釈】退転＝「たいてん」と読み、衰えすたること。廃業。一統＝「いっとう」と読み、一同、みんな、全員の意。

【解読】一同及二立潰一、退転仕候より外無二御座一、一統歎敷奉レ存候

【読み下し】一同《いちどう》立《た》ち潰《つぶ》れに及《およ》び、退転《たいてん》仕《つかまつ》り候《そうろう》より外御座《ほかござ》無《な》く、一統嘆《いっとうなげ》かわしく存《ぞん》じ奉《たてまつ》り候《そうろう》

【現代語訳】一同は立ち行かず、廃業するよりほかに方法がなく、一同情けなく思います。

②

【筆法】は「共」の典型的なくずし字です。は「召」の異体字「㕣」のくずしです。次の「仕」とで「めしつかい」と読みます。は「処」の旧（正）字体「處」です。の旁は「攵」です。偏は「阝《こざとへん》」に見えますが、「己」で「改」となります。は「忄《りっしんべん》」に「又」「土」と書き「怪」となります。

【語釈】改＝「あらため」と読み、調べること、吟味することです。

【解読】百姓共并召仕候男女相改候処怪敷者無二御座一候

【読み下し】百姓共《ひゃくしょうども》并《ならび》に召《め》し仕《つか》い候《そうろう》男女《だんじょ》相《あい》改《あらた》め候《そうろう》処《ところ》怪《あや》しき者《もの》御座《ござ》無《な》く候《そうろう》

【現代語訳】百姓たちおよび召し使っている男女を調べたところ怪しい者はおりません。

●ステップ3 —— 長文に挑戦

この文書は、いわゆる「五人組帳前書」のはじめの方に書かれる一条です。家族や親族とは仲むつまじく礼儀正しく暮らすことを説諭する文章です。「五人組」については§5のステップ3でも取り上げていますので参照してください。形容詞が2か所出てきます。印刷状態があまりよくありませんが、がんばってチャレンジしてみてください。

① ② ③

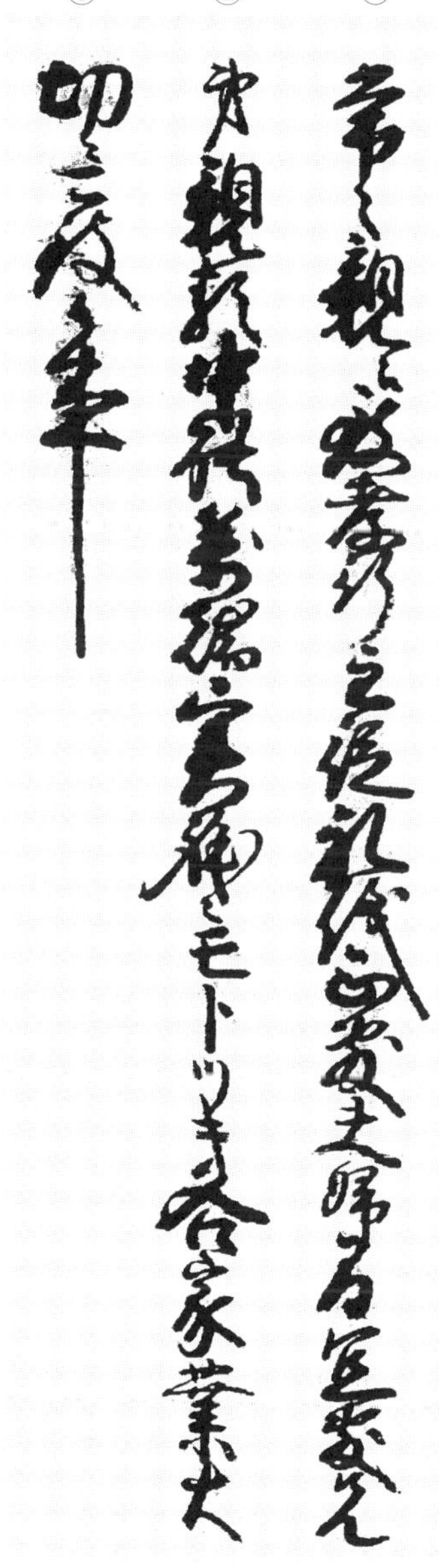

筆法・語釈 ①は「常」ですがともくずされます。は「正月」の「正」。の1字目は「致」です。下の熟語から先に「孝行いたし」と読みます。は「間」。「門《もんがまえ》」が小さ

くなって「日」の上に乗る字体です。は「宜」の異体字「冝」で「宀《うかんむり》」が「冖《わかんむり》」に書かれます。②「中」は「仲」の慣用字です。「能」は「よく」と読み「良」と同字です。2文字で「なかよく」となります。は「万」の旧(正)字体「萬」です。は「体」の異体字「躰」。「実躰」は「じってい」と読み、まじめ、誠実の意です。

解読文

①常々親江致㆓孝行㆒、主従礼儀正敷、夫婦間宜敷、兄
②弟親類中能、万端実躰ニモトツキ、各家業大
③切ニ可㆑致候事

読み下し文

常々《つねづね》親《おや》へ孝行《こうこう》致《いた》し、主従《しゅじゅう》礼儀《れいぎ》正《ただ》しく、夫婦間《ふうふのあいだ》宜《よろ》しく、兄弟《きょうだい》親類《しんるい》中《なか》よく、万端《ばんたん》実躰《じってい》にもとづき、各《おのおの》家業《かぎょう》大切《たいせつ》に致《いた》すべく候《そうろう》事《こと》

現代語訳

いつも親には孝行をし、主人には礼儀正しくし、夫婦は円満に、兄弟・親類は仲良くし、すべて誠実をよりどころとし、それぞれの家業を大切にすること。

§24 申間敷（もうすまじく）

「申しません・〜しません」

少《すこし》も相違《そうい》申《もうす》間敷《まじく》候《そうろう》

まったく間違いは申しません。

●ステップ1 ——「間敷・間鋪」の意味と打消しの表現を学ぼう

言葉に打消しや否定の意味を持たせる場合には、その後の上に「不《ず》」を付けることは§9で説明しましたが、もう一つ、言葉の下に助動詞の「まじ」を付ける方法があります。「まじ」は否定の意味だけではなく、不適当（〜しないほうがよい）、不可能（〜できない）、禁止（〜してはいけない）などの意味もあります。古文書ではこの「まじ」の活用形「**まじき・まじく**」を「**間敷****・間鋪**」と書き表します。一つ例をあげますと「決而違乱申間敷候《けっしていらんもうすまじくそうろう》（けっして文句は言いません）」などと用います。また、「**申間敷**」の「**申**」が「言う」という意味ではなく、「〜します」という補助動詞の場合は、その上の動詞を打ち消します。例えば「苦労相掛申間敷《くろうあいかけもうすまじく》（苦労をかけません）」「相渡申間敷《あいわたしもうすまじく》（渡しません）」などと用います。

例文を一つあげます。上の言葉にどのように接続するのか考えながら読んでみてください。

御本陣江御世話相懸申間敷候

【解説】「本陣」は、大名や幕府役人などが宿泊した宿駅に設けられた公認の宿舎。なお、古文書では「本陣」と書かれる場合がありますので注意しましょう。
【読み下し】御本陣《ごほんじん》え《(へ)》御世話《おせわ》相懸《あいか》け申《もう》すまじく候《そうろう》
【現代語訳】ご本陣へお世話をおかけしません。

●ステップ2 ――「間敷・間鋪」のくずし方と用例を覚えよう

まず「間敷・間鋪」のくずし方を見てみましょう。くずしとしては、§23で形容詞活用語尾「敷《しく》・鋪」のさまざまなくずし方を学びましたが、その応用と考えてください。最後の「間布」はめったに出てきませんが一応このような表記もあることは認識しておいてください。

【間敷】
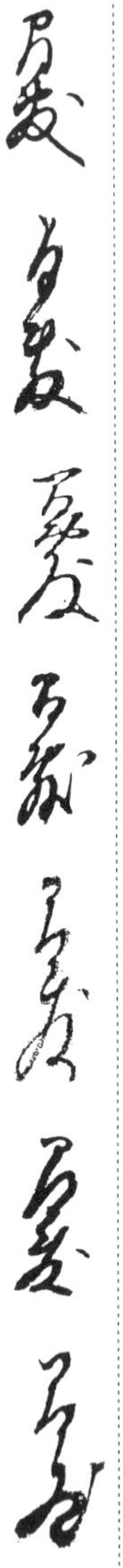

【間鋪】

【間布】

「間敷・間鋪」は必ず用言に付きます。といいましても、実際に古文書に出てくるのは左の数例がほとんどです。ぜひ覚えてください。読むときはその動詞の終止形に「まじく」を付けます。

申間鋪《もうすまじく》

仕間敷《つかまつるまじく》

致間敷《いたすまじく》

有間敷《あるまじく》

さて、このような「間敷・間鋪」を含む短文を読んでみましょう。

①

【筆法】は「博」ですが、偏が「忄《りっしんべん》」に書かれています。は、片仮名の「ホ」のように書かれていますが、これは「等」の異体字「才」です。は「遊《あそび》」と読みます。偏は「扌《てへん》」に見える部分が「方《ほうへん》」で、右下のが「辶《しんにょう》」です。は最もくずされた「事」の草字体です。

【語釈】遊事＝ここでは博奕など禁じられている遊興のことです。

【解読】博奕等遊事仕間敷候

【読み下し】博奕等遊《ばくえきなどあそ》び事《ごと》仕《つかまつ》るまじく候《そうろう》

【現代語訳】博打《ばくち》などの禁じられている遊興ごとをしてはいけません。

②

【筆法】は「党」の旧（正）字体「黨」のくずしです。は打消しの助動詞「間敷《まじき》」とは違います。名詞や動詞などの言葉について形容詞的に用いる接尾語です。一般に、～みたいな、～らしい、～のような、～のきらいがある、などと訳します。ここでは「徒党のようなこと」という意味です。他に「御願《おねがい》ケ間敷《がましく》（お願いじみた）」「難題《なんだい》ケ間敷《がましき》（難題のような）」などと用います。は「堅《かたく》」ですが、左上の「臣」が「ヒ」と書かれます。他に「リ」のようにとも書きます。は「致《いたす》」です。

【語釈】徒党＝「ととう」と読み、たくらみをもって集まること。致間敷＝「いたすまじく」と読み「〜してはいけない（禁止）」。

【解読】徒党ケ間敷儀堅致間敷候

【読み下し】徒党《ととう》がましき儀《ぎ》堅《かた》く致《いた》すまじく候《そうろう》

【現代語訳】徒党のようなことは絶対にしてはいけません。

●ステップ3 —— 長文に挑戦

この文書は、本陣の主が、家人や奉公人に命じた取決め書の一部です。

① ② ③

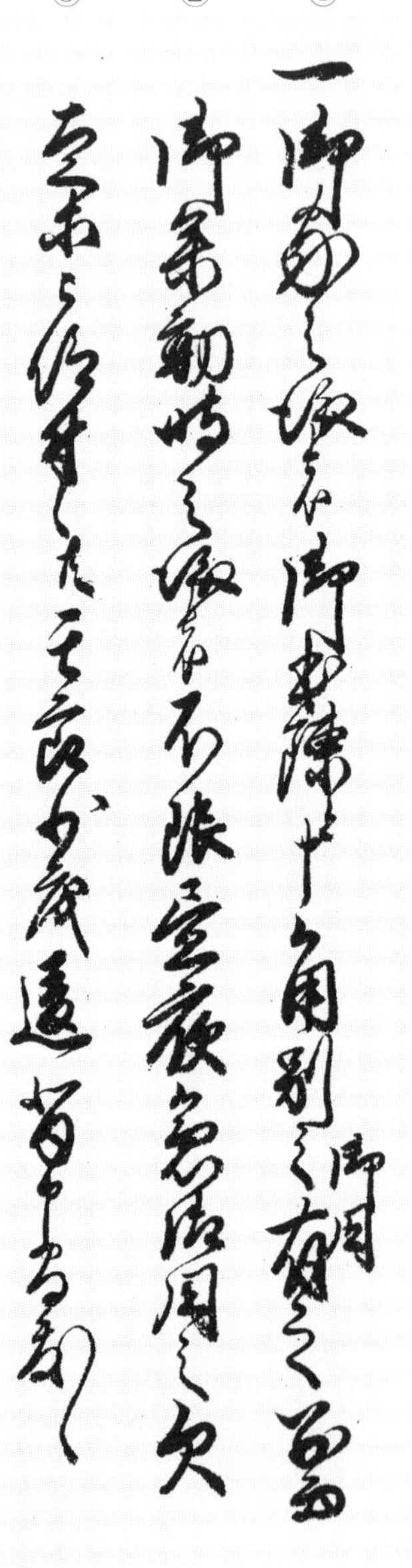

筆法・語釈

①は「本」ですが、筆順に注意してください。は、「本陣」の「陣」ですが、「陳」という文字が用いられています。要注意です。は「角」で「格」の誤字です。は「別而《べっして》」と読みます。「別」のくずし方は他にがあります。ぜひ両方とも覚えてくださ

い。とくに、という意味です。②は「参」の異体字で「粂」です。は「時」です。「日《ひへん》」に「寸」と書くも頻出します。は下の熟語から順に上に返って「昼夜を(に)限らず」と読みます。は「欠」で「駆《かけ》」の当て字です。ほかに「欠込《かけこみ》」「欠落《かけおち》」などがあります。③は「走」のくずしです。前行末の「欠」とで「かけはしり」と読みます。の1字目は受身・尊敬の助動詞「被《る・らる》」で、下から「仰せ付けられ」と読みます。は1字目が「少」です。3画目の右側の点をくずしでは最後に右肩に打ちます。2字目は変体仮名の「も」です。字母漢字は「茂」。2文字で「すこしも」となります。の1字目は「麦に辶《しんにょう》」で「違」の異体字「逺」です。2字目の上部は「小」に見えますが「北」で下部は「月」、したがって「背」となります。「違背《いはい》」で、命令や規則に背くことです。

解読文

①一、御家之儀者御本陳(陣)と申、角(格)別之御用有之、別而

②御参勤時之儀者不レ限二昼夜一、急御用之欠

③走等被二仰付一候共、其節少茂違背申間敷候

読み下し文

一《ひとつ》、御家《おいえ》の儀《ぎ》は御本陣《ごほんじん》と申《もう》し、格別《かくべつ》の御用《ごよう》これ有《あ》り、別《べつ》して御参勤時之儀《ごさんきんじのぎ》は昼夜《ちゅうや》を限《かぎ》らず、急《いそ》ぎ御用《ごよう》の欠《か》け走《はし》り等《などおお》仰せ付《つ》けられ 候 共《そうろうとも》、其節少《そのせつすこ》しも違背申《いはいもう》すまじく 候《そうろう》

現代語訳

一つ、当家はご本陣といいまして、特別の御用があり、とくに御参勤の時は昼も夜も急ぎの御用の走り使いを命じられましても、その時はけっして背いてはいけません。

§25 相成（あいなり）

「〜になり」

此姿ニ《このすがたに》而《て》者《は》迚茂《とても》相続《そうぞく》難二相成一候《あいなりがたくそうろう》

この恰好ではとても相続できません。

●ステップ1 ――「相」など接頭語の意味と用法を学ぼう

「相」は名詞や動詞の上に付いて語調を整えたり強調する言葉です。また、尊敬や謙譲の意を添えるなどの働きもあります。このような別の語の上に付く言葉を接頭語《せっとうご》といいます。この言葉の代表的な例が「相《あい》」です。タイトルにあげました「相成」は語調を整えかつ改まった表現となります。「相成」のほかに「相背《あいそむき》」「相勤《あいつとめ》」「相定《あいさだめ》」などという表現があります。例文をあげますと「御用差支《ごようさしつかえ》ニも相成《あいなり》（御用の支障に成り）」「右之条々《みぎのじょうじょう》相背候ハ《あいそむきそうらわ》、急度《きっと》相糺《あいただし》可レ申《もうすべく》候《そうろう》（右の条目に違反しましたら必ず問い糺しなさい）」などと用いられます。「相」の他に接頭語と呼ばれるものには「差《さし》・指」「打《うち》」「取《とり》」「御《ご・お・おん》」などがあります。また、7ページでも取り上げましたが、品詞としては接頭語ではありませんが、その用法や意味から接頭語的に用いられている言葉に「罷《まかり》」があります。これも動詞に冠して語調を強め、あるいは謙譲の意を表します。

それでは「相成」の例文を白文で掲げます。

御水帳ニも夫々名前御書載ニ相成候

【解説】「御水帳《おみずちょう》」は検地帳のことです。検地帳とは、村々の検地の結果を記録した土地台帳です。
「夫々」は、「それぞれ」と読みます。

【読み下し】御水帳《おみずちょう》にも夫々《それぞれ》名前《なまえ》御書《おか》き載《の》せに相成《あいな》り候《そうろう》

【現代語訳】水帳にもそれぞれ名前が書き載せてありました。

●ステップ2 —— 接頭語のくずし方と語例を覚えよう

まずはじめに接頭語「相・差・指・打・取・御・罷」のそれぞれのくずし方を数例ずつ紹介します。

では、これらの接頭語を用いた頻出語彙にはどのようなものがあるのでしょう。接頭語を含む言葉を古文書から拾ってみます。

相成《あいなり》

相済《あいすまし》

相心得《あいこころえ》

差構《さしかまい》

差障《さしさわり》

差戻《さしもどし》

指急《さしいそぎ》

指置《さしおき》

打捨《うちすて》

打越《うちこし》

取扱《とりあつかい》

取縋《とりすがり》

御為《お(ん)ため》

御意《ぎょい》

御役《おやく》

罷帰《まかりかえり》

罷越《まかりこし》

罷成《まかりなり》

ここで、3例ほど接頭語を含む例文を紹介します。

①

【筆法】は「酒」と読みます。独特なくずし方ですのでぜひ覚えてください。は変体仮名で「あめ」と書かれています。「飴」のことです。2字目の字母漢字は「免」。は片仮名の「ホ」に見えますが、これは「等」の異体字「才」です。は「渡世《とせい》」と読みます。1字目は「氵《さんずい》」に旁が「度」です。次は「世」の異体字「卋」が用いられています。は平仮名で「から」、つまり「柄」のことです。は「事《こと》」の異体字「亊」。は「故《ゆえ》」と読み、理由を表します。は「留」の異体字「畄」です。

【語釈】渡世＝「とせい」と読み、世渡り、暮らし、職業の意。

【解読】酒菓子あめ等売候者ハ渡世から之事故差留ハ不ㇾ申候

【読み下し】酒《さけ》・菓子《かし》・あめ等売《などう》り 候者《そうろうもの》は渡世《とせい》がらの事故《ことゆえ》差《さ》し留《と》めは申《もう》さず 候《そうろう》

【現代語訳】酒・菓子・飴などを売る者は職業柄のことですので禁止はしません。

②

【筆法】は「不情《ぶしょう》」と読みます。一般に「不精」「無精」と書き表します。の偏は「米」、旁は「頁《おおがい》」で、「類」となります。は「有之者」で「これあらば」と読みます。は「異」の異体字「㒷」です。

【語釈】不情＝精を出さずなまけること。組合＝五人組のこと。異見＝意見、忠告。

【解読】農業不情成もの有レ之者組合親類打寄異見指加へ

【読み下し】農業不情《のうぎょうぶしょう》成《な》るものこれ有《あ》らば組合《くみあい》・親類《しんるい》打《う》ち寄《よ》り異見指《いけんさ》し加《くわ》え

【現代語訳】農業を怠けるものがいましたら五人組の組合や親類が集まって忠告をし。

③

【筆法】は「禾《のぎへん》」に「重」で「種」。次は踊り字ですので「種々」で「しゅじゅ」と読みます。は②でも出てきましたが、「異」の異体字「㒷」です。は「不致承引」で、下から「承引《しょういん》いたさず」と読みます。は「扌《てへん》」に見える部分は「方《ほうへん》」、右側は平仮名の「を」に見えます。このくずしは「遊」と読みます。

【語釈】種々＝いろいろ。さまざま。あれこれ。承引＝承知して引き受けること。納得すること。

【解読】種々御異見被レ成候処不レ致二承引一夜遊等ニ罷出候

【読み下し】種々《しゅじゅ》御《ご》異見《いけん》成《な》され候《そうろう》処《ところ》承引致《しょういんいた》さず夜遊《よあそ》び等《など》に罷《まか》り出《い》で候《そうろう》

【現代語訳】いろいろ忠告なさいましたが意見を受け入れず夜遊びに出かけました。

ステップ3 —— 長文に挑戦

この古文書は、東海道筋にある宿駅の本陣が幕府に対し、本陣の経営が行き詰まったため、助成を求めた嘆願書の一部です。取り上げた部分では経営が困難なため所持する田畑を売り渡さざるをえない窮状が認《したた》められています。このように、利用者が増加したといわれる東海道の宿場では、休憩なども本陣を利用せず途中の宮寺などで間に合わすなど、参勤交代《さんきんこうたい》で往来する大名家の本陣の利用が減少していたようです。

① ② ③ ④

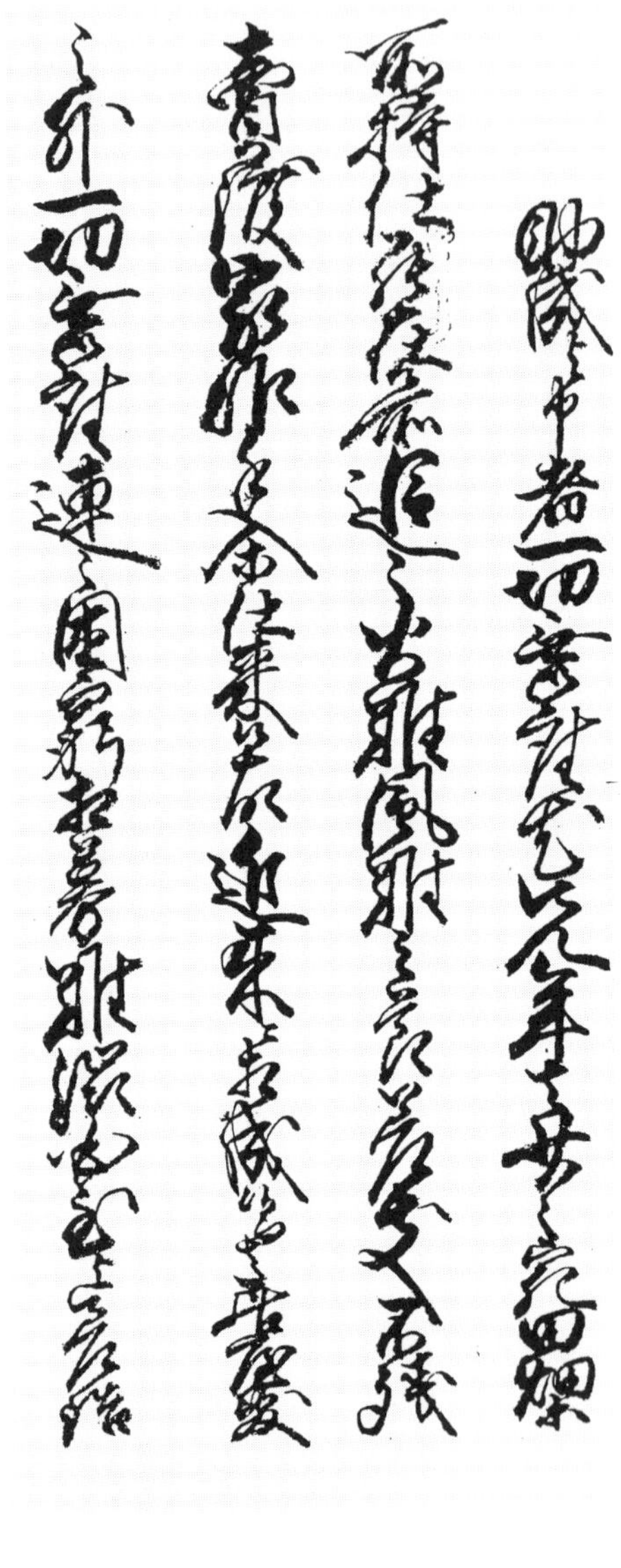

筆法・語釈

①は「者《もの》」ですが、人を表わす言葉ではなく、事物を表わす「もの」の当て字です。は「尤《もっとも》」です。第2画目が途中で切れて3画目に移る所に特徴があります。は「少々《しょうしょう》」と書かれています。「少」は最後に右側へ点がうたれる所にくずしの特徴があります。は「宛」で「ずつ」と読みます。②は「難」の異体字「难」です。「火難」は火災、「風難」は風害のことです。は「郎」に似ていますが「節」と読みます。③は「家作《かさく》」で、家を建てること。また、その家のこと。は「手」ですが、筆順に注意してください。「ノ」の後に先に縦画を円を描くように書き最後に横画を書きます。は「仕来」で「しきたり」と読む場合もありますが、ここは「つかまつりきたり」と読みます。〜してきました、という意です。は「近来《きんらい》」と読みます。最近、近頃の意味。は「居屋敷《いやしき》」と読み、居住するための家屋のことです。④は「連々」で、たびたび、何度も、長い間、の意。は「必至与《ひっしと》」と読み、きつく、という意で、強く身に迫るさまをいいます。

解読文

①助成与中者一切無ニ御座一、尤先年者少々宛田畑等
②所持仕罷在候所、追々火難風難之節差支不レ残
③売渡、家作手入等仕来候故、近来ニ相成候而者居屋敷
④之外一切無ニ御座一、連々困窮相募難渋必至与差詰

読み下し文

助成《じょせい》と申《もう》すもの一切御座無《いっさいござな》く、尤《もっと》も先年《せんねん》は少々宛《しょうしょうずつ》田畑等《たはたなど》所持《しょじ》仕《つかまつ》り罷《まか》り在《あ》り候所《そうろうところ》、追々火《おいおいか》

難《なん》・風難《ふうなん》の節差《せつさ》し支《つか》え残《のこ》らず売《う》り渡《わた》し、家作手入《かさくてい》れ等《など》仕《つかまつ》り来《きた》り候《そうろう》故《ゆえ》、近来《きんらい》に相成《あいな》り候《そうろう》ては居《い》屋敷《やしき》の外一切御座無《ほかいっさいござな》く、連々困窮相募《れんれんこんきゅうあいつの》り難渋必至《なんじゅうひっし》と差《さ》し詰《つま》り

現代語訳

助成ということはまったくなく、ただし先年は少しずつ田畑などを所持しておりましたが、次第に火災や風害のときに支障があって、残らずすべて売り渡してしまい、家の手入れなどをしてきましたので、最近になって自宅以外は一切なくなり、たえず困窮がつのり困難なことこの上なく生活に行き詰まり、

3　古文書特有の言い回しを読み解く

§26　被仰付（おおせつけられ）

「命じられ・言いつけられ」

御割渡《おわりわたし》被二仰付《おおせつけられ》一被二下置《くだしおかれ》一候様《そうろうよう》
割り渡しをご命じくださいますよう

●ステップ1——「仰付」の意味・用法を覚えよう

「仰付《おおせつけ》」は、「仰渡」などとともに、実によく出てくる言い回しです。「仰出」、「仰聞」など、「仰」に付くことばも、古文書に頻出します。「仰《おおす》」は「言う」の尊敬語ですので、お言いになる、おっしゃると訳しますが、古文書では、とくに上位のもの、身分の上のものの発言、命令という意味で訳すとうまくいきます。「仰付」は命じる、言いつける、「仰渡」は命じる、言い渡すという意味です。

語意に明らかなように、代官・領主から農民への命令や、格上の者の発言などに対して使われます。したがって、古文書が誰から誰に出されたものなのか、また文中の主語が誰で古文書の差出人・作成者より身分・格が上かなど、古文書の形や内容に注意を払うことで、「仰」という語が使われるかどうか、ある程度予測も必要となります。つまり、命じられるような内容かどうか、ということです。読み慣れてくると、そうしたことはあまり考えずに、自然と「仰」ということばが浮かんでくるようになります。しかし、古文書を読み解き、古文書が書かれた背景を考える上で、作成者・差出人と宛先、身分関係、格などを常に意識しながら読むことも大切です。

過料銭三貫文宛被仰付候

【解説】「**過料銭**《かりょうせん》」は江戸時代広く行なわれた刑罰で、罰金刑のこと。「**三貫文**《さんかんもん》」は銭三貫文で、寛永通宝（一文銭）で三千枚。銭三貫文は軽い罰金で、重い罰金は銭一〇貫文でした。「**宛**」はこの場合「ずつ」と読みます。「**被**」は頻出の返読文字（§10参照）。

【読み下し】 過料銭三貫文《かりょうせんさんかんもん》宛《ずつ》仰《おお》せ付《つ》けられ 候《そうろう》

【現代語訳】 罰金三貫文をそれぞれ命じられました。

●ステップ2 ――「被仰付」のくずし方と「仰」のつく語を覚えよう

「被」のくずし字は、§10を参照してください。「仰付」では、「仰」は「亻《にんべん》」はよいとして、旁のくずしは最後に縦に延び点を返す①の形と、縦に延びない②の形の2種類があります。①の旁は、「印」のくずし字と同じ形ですので、あわせて覚えておきましょう。また、②の形では、「亻《にんべん》」が大きく書かれ、旁が小さく書かれる形もありますので、楷書に慣れバランスの良い字体に慣れた私たちにとっては、最初とっつきにくく感じてしまいます。偏と旁、冠と脚それぞれ1文字中にアンバランスな大きさで書かれることは、古文書ではよく見られますので、慣れるまで繰り返し見ておきましょう。「付」は、一見「村」のように見え、実際「村」

のくずし字と同じですが、前に「仰」がくるので、「付」と読んでしまいます。古文書のくずし字は、同じ形でも違う文字の場合がけっこうありますので、くずしの形からだけではなく、前後に付くことばや文意で考えて判断していくことも重要です。ただ、そうしたことはほとんどの場合、古文書を読み進んでいけば自然と身に付いてしまいますので、あまり心配しないでください。身に付くまで、出てきたつどにチェックすることが大切です。

次に、「仰」に続く字の例を、いくつか並べてみましょう。

被二仰渡一《おおせわたされ》（言い渡され・命じ渡され）

「被」と「仰」の間の空間は欠字《けつじ》です。この節の最初に述べたように、「仰」は上位の身分の者が命じることであるため、欠字や平出《へいしゅつ》といった、尊敬の表現を伴うことが多いのです。

被二仰出一者也《おおせいださるるものなり》（命じるものである、命令するものである）

これも欠字が使われています。「者也」は、代官や領主など支配者から指示や決定、命令が出されたときなどによく使われる文末の表現です。文末で「や」のくずし字が出てきたら「也」と読んでしまいましょう。ちなみにやも「也」の頻出のくずしです。

被二仰聞一候《おおせきかされそうろう》《おおせきけられそうろう》（言い聞かされ）

言い聞かされるの尊敬語になります。上位の者から説明や説得されるときに使われます。

このほか「被二仰遣一《おおせつかわされ》」(言いやる、命じる)、「被二仰下一《おおせくだされ》」(命じる、言いつける)などもあります。国語辞典では、仰せに付く字ごとに使い分けが記されていますので、調べてみてください。ただ、古文書の言葉としては、総じて「命令をする」という意味で取りあえず訳しておくのが、大意を損ねず読み進めていく方法としてお勧めです。そして、使い分けがあるようなら、命令を言いつけられたのか、言い渡されたのか、言い聞かされたのかなど、後から訳のニュアンスを変えてみましょう。

なお、命令を受け取る側の表現として「蒙レ仰《おおせをこうむり》」(命令を受ける)などもあります。「蒙」は返読文字としても頻出ですので、覚えておきましょう。

では、「仰」が入った文章を掲げますので、チャレンジです。

①

【筆法】 踊り字のくずしはよく出てきます。続くは、偏と旁に分けて考えます。偏は「彳《ぎょうにんべん》」の典型例の一つです。旁は「是」のくずし字に似ていますが、「彳《ぎょうにんべん》」に是がつく字はありませんので、似た字をいくつか想像してみましょう。「従」がこれにあたります。「従」は返読文字で「より」と読みます。の上部は「ハ」が「い」みたいになっていますが、「公」です。続く「儀」と返読文字の「被」は、すでにマスターしてますね。「公儀」で一つの言葉となります。そして今回のテーマ「仰」の登場。最もよく出る形です。「氵《さんずい》」と「亻《にんべん》」はくずし字で違いはありません。「出」がついて「仰出」となります。はもちろん「候《そうろう》」です。は「御條(条)目」、「御」のチェックと今はあまり使わない「條」に注意しましょう。平仮名「し」のような縦ににょろっとした字もおなじみの「之」で、「の」と読みます。次の文字も既出のはずです。「走」は

偏のように書かれていますが、くずし字ではよくある繞《にょう》（辶や廴）の省略形。旁のように書かれているいるは「取」のくずしの典型。あわせて「趣」です。あとは、「論」の「言《ごんべん》」のくずしに注意しましょう。

【語釈】従　公儀＝「こうぎより」と読みます。「従」と「公儀」の間が1字分空いているのは、欠(闕)字という尊敬表現です。「公儀」とは幕府のことですので、これに対する敬意です。「被　仰出」も欠字となり、「仰出《おおせいだし》」た主体である幕府へ対する敬意となります。御条目＝「ごじょうもく」と読み、箇条のことですが、とくに規定や掟のことを指します。勿論＝意味はそのままですが、現代では漢字であまり書かれません。

【解読】前々従二　公儀一被二　仰出一候御條目之趣ハ勿論

【読み下し】前々公儀《まえまえこうぎ》より仰《おおせ》せ出《いだ》され候御条目《そうろうごじょうもく》の趣《おもむき》は勿論《もちろん》

【現代語訳】以前幕府から命じ出された掟の趣旨はもちろんのこと

②

【筆法】は「着」です。類似の「差」とあわせてチェックしておきましょう。は「御届ケ」、片仮名「ケ」が入っていることに注意。は既出の「可《べき》」です。は頻出語で「申上《もうしあげ》」です。とくに「申」には、早く慣れましょう。は「旨《むね》」のくずし。続くは「被二仰渡《おおせわたされ》一」です。それぞれ典型的な形ですが、とくに「仰」は最もくずれた部類の形です。偏を突き抜けて旁の部分の横棒が入っていますが、びっくりしないようにしましょう。

【語釈】着御届ケ＝「ちゃくおとどけ」と読み、到着した届け出のこと。届書のことを言うときもあります。

【解読】着御届ケ可二申上一旨被二仰渡一

【読み下し】着《ちゃく》御《お》届《とど》け申《もう》し上《あ(げる)》ぐべき旨《むね》仰《おお》せ渡《わた》され

【現代語訳】到着届けを上申せよと言い渡されました。

●ステップ3 —— 長文に挑戦

「五人組帳」から、「仰」を含んだ例文を抜き出してみました。五人組は江戸時代の村で編成された、隣家5人一組を単位とする、年貢諸役納入や法令遵守、犯罪防止などを目的とした連帯責任のための組織です。五人組の編成を記した「五人組帳」には、村民の守るべき条目を列挙した「前書」といわれる部分があり、それを毎年数回名主が村民全員に読み聞かせ、村民はそれを守ることを誓約することになっていました。この文章は、「五人組帳前書」の最後の部分で、よくみられる文章です。

④
⑤

筆法・語釈

①この行は、もう皆さんは問題なく読めるようになっているのではないでしょうか。ステップ2の例文①とも似ています。「御」「趣」など基本のくずし字をチェックしてください。「村中大小百姓・水呑」はよく出てくる表現です。「大小《だいしょう》」は持高が大きな家も小さな家も、ということ、「水呑《みずのみ》」は自作の農地をもたない貧農のことですが、ここでは要するに村民全員（全部の家）という意味でとらえておきましょう。②「不」、「奉」という二つの返読文字に注意です。いずれもよく出てきます。「候」で一区切り。この行の一文のうち、は「之者ともに」と読み、文意からすると「に」はない方が正しい文法となります。「村民全員に残らず承知奉った」というのは、少しおかしいですね。「全員承知奉りました」と意訳した方がよいでしょう。「勿論」はステップ2の例文①を参照してください。は「前々《まえまえ》」と読みます。③は「被仰渡《おおせわたされ》候得共《そうらえども》」、欠字《けつじ》にも注意してください。「候得共」で一区切りとし、読点をうっておきましょう。は「猶《なお》」で、少し難しいようですが、「尚」と同じく、さまざまな古文書に出てきますので、この形で覚えてください。「此度《このたび》」は典型的なくずしです。何度も確認して覚えましょう。は「急度《きっと》」と読み、きつく、きびしくという意味で使われます。くずしも、「急」は「」と似ていますが、脚の部分は「心」

のくずし方でもよく出てくる形です。④は文字は読めると思いますが、「〻」と点一つだけで「候《そうろう》」となります。最初は見逃しがちですので気を付けましょう。また、この「候」のように、同じ人の手で書かれた同文の中でも、同じ字が違った形でくずされることがあります。「候上八」で、一区切りとしましょう。は「自今以後」で「じこんいご」とそのまま読み、「今後は」という意味を少し強めた頻出の言い方です。くずしでは「今」は「令」などと区別がつかないときがありますので、そのときは文意で考えてください。は「以」と読みます。もう何度も出ていると思います。「⺮《たけかんむり》」や「心」のくずしと似ています。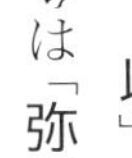は「弥以」で、「いよいよもって」と読みます。「弥」は名前でもよく出てきますので、必修でしょう。は「相守《あいまもり》」です。2文字とも頻出の形です。そのまま覚えましょう。「守」の「宀《うかんむり》」にも注意。「相」は接頭語で語調を整える役目があり、江戸時代の古文書にはよく見受けられます。⑤「少」はよいでしょうか。最後も重要な表現が二つ出てきます。は「違背《いはい》」、は「間敷《まじく》」です。「违」は「違」の異体字。「違背」は命令違反、規則違反の意味で、頻出語句です。「間敷」は§24を参考にしてください。

解読文

①右御條目之趣、村中大小百姓・水呑
②之者ともに不《(ママ)》レ残奉二承知一候、勿論前
③々よりの被《(ママ)》二仰渡一候得共、猶又此度急
④度被二仰付一候上八、自今以後弥以相守
⑤少も違背仕間敷候

読み下し文

右《みぎ》御《ご》条目《じょうもく》の趣《おもむき》、村中《むらじゅう》大小《だいしょう》百姓《ひゃくしょう》・水呑《みずのみ》の者《もの》どもに残《のこ》らず承知《しょうち》奉《たてまつ》り候《そうろう》、勿論《もちろん》前々《まえまえ》よりの仰《おお》せ渡《わた》され候《そうら》え共《ども》、猶又《なおまた》此《こ》の度《たび》急度《きっと》仰《おお》せ付《つ》けられ候上《そうろううえ》は、自今以後《じこんいご》弥以《いよいよもって》相守《あいまも》り、少《すこ》しも違背《いはい》仕《つかまつ》るまじく候《そうろう》

現代語訳

右にある条目の趣意を、村全部の大小百姓・水呑の者共は、全て承知奉ります。もちろん以前から（法度は）言い渡されていましたけれども、再びこのたびきびしくお言いつけになられました上は、今後いよいよもって（条目を）遵守し、決して背きません。

§27 被成下（なしくだされ）

「〜して下され」

御《お》引《ひき》下《さ》ケ《げ》御《お》貸《かし》附《つけ》被二成下一《なしくだされ》
引き下げてお貸付けくださり

●ステップ1 ―― 「被成下」の意味・用法を覚えよう

「被成下《なしくだされ》」は、もともとは天皇の命令書である宣旨《せんじ》や綸旨《りんじ》が下されるという尊敬語です。江戸時代の古文書では、§26の「仰」と同様、身分・格式が上位の者から下位の者へ、命令が下されるときに使われます。あわせて、「被二成下置一《なしくだしおかれ》」もよく見受けられる言い回しです。

なかなか直訳しにくいことばですが、お下しになるというニュアンスを含んだ命令ということになります。古文などもそうですが、尊敬語や謙譲語を直訳すると、とてももってまわった表現となり、かえって意味が取りにくくなることがあります。時代の雰囲気を知り再現するためには、当時の文法表現も大切でしょうが、最初はあまりこだわらず、取りあえず意味が通じるよう思い切って意訳することも大切です。例えば「被二仰付一被二成下置一《おおせつけられなしくだしおかれ》」というようなことばが出てきたらどうでしょうか。命令をお言いつけになり、お下し置きになられる、と訳すよりも、お命じになって、と簡潔にした方が、最初は理解しやすいでしょう。もっとも、細かい表現の違いに意味がある場合もありますので、注意は必要です。

厚キ御勘弁ヲ以樽売酒之儀者御赦免被成下

【解説】これは、酒の販売についての一文を抜いたものです。「厚キ御勘弁を以」は厚いお許しをもって、ということです。今風に言うと、ご厚情をもって、厚い配慮で、といった意味になりましょうか。「樽売酒」とは酒の販売のこと。「之儀者」は頻出です。§6を参照してください。「御赦免」は罪などを許されることですが、ここでは酒商売が許されたという意味です。許可を与えたのは領主でしたので、「被成下」という表現が使われています。

【読み下し】厚《あつ》き御勘弁《ごかんべん》を以《もって》樽売酒《たるうりさけ》之《の》儀《ぎ》は御赦免《ごしゃめん》成《な》し下《くだ》され

【現代語訳】ご厚情によって、酒を樽売りすることは許可してくだされ

●ステップ2 ――「被成下」のくずし方と「成」の付く語を覚えよう

「被」のくずし字は、§10を参照してください。「成」は、2画目の横棒が省略される形と、よりくずれたがあります。後者は、「来」のくずし字と似ていますので注意してください。文意でほぼ判断できるでしょう。「下」は、それほど問題ないと思います。

次に、返読文字「被」に続いて、「成」や「下」がくる例を、あげてみましょう。

被レ成《なされ》

被レ下《くだされ》

被二成下一《なしくだされ》

被二下置一候《くだしおかれそうろう》

被二成下置一《なしくだしおかれ》

どれもよく出てくるくずし方と表現ですので、そのつど必ずチェックしておきましょう。注意したいのは、「下置」という言い回しです。現代ではあまり使わない表現なので、「置」の頻出くずし字とともに慣れてしまいましょう。

続いて、「被成下」が入った文章を練習で読んでみましょう。「成」のくずし字に注意してください。

①

【筆法】は「前書」ですが、ここでは楷書に近いので読めると思います。「書」は「出」のくずし字に似ているもよくみられますので、覚えておきましょう。「申」は本当に頻出です。すらすら読めましたか。は、はじめはとまどう形の字ばかりですが、いずれも典型的な形です。「聞」の「門《もんがまえ》」、「済」の「氵《さんずい》」と「斉（斎）」のくずし方に注意です。とくに「斉（斎）」はくずし字からは元の字が想像しにくいので、このままの形で覚えましょう。は片仮名の「ヒ」に似ていますが、受身・尊敬の助動詞「被《る・らる》」で返読文字です。の「成《なす》」はすでに説明したとおり、2画目の横棒が省略された形です。

【語釈】前書＝前文のこと。類似の表現として、「右之通」も近い意味となります。御聞済＝身分・格式の上位の者が、下位の者の言い分や希望を聞き届けたり、承諾したりするときよく使われる言葉。村から領主へ宛てられる願書や嘆願書、訴状と返答書、内済証文（示談書）などによくみられます。

【解読】前書之通申上御聞済被二成下一

【読み下し】前書《まえが》きの通《とお》り申《もう》し上《あ》げ御聞《おき》き済《ず》み成《な》し下《くだ》され

【現代語訳】前書きの通り申し上げお聞き届けくだされ

②

【筆法】は「願」で頻出語です。旁の「頁」のくずし字は必修です。偏の違いによる、「預」「頭」「顕」「類」「領」「順」などもあわせて、必ずチェックしましょう。は「通」ですが、右下に小さく送り仮名の「り」が入っています。は「御聞済《おききずみ》」ですが①の例文で出てきましたのでよいですね。あとは「置」のくずし字、「様」のくずし字が頻出です。まずはこの形で覚えましょう。

【語釈】**右願之通り**＝この例文の前段に書かれた願書のことを指します。**被成下置**＝この場合①の例文で出てきた「被成下」との意味の違いは、さほどありません。本文でも述べましたが、ただ「下置」など、「置」ということばのついた表現は古文書によく出てきますので、初心者の方は要チェックです。

【解読】右願之通り御聞済被二成下置一候様

【読み下し】右願《みぎねが》いの通《とお》り御聞《おき》き済《ず》み成《な》し下《くだ》し置《お》かれ候様《そうろうよう》

【現代語訳】右の願いの通りお聞き届けになって下しおかれますよう（実行・実施して下しおかれますよう）

●ステップ3 —— 長文に挑戦

江戸時代、五街道《ごかいどう》など主要街道には宿場《しゅくば》が幕府によって指定され、武家など公用の通行者へ対し、休泊のための宿と、人足・馬を供給することになっていました。ところが、宿場で人馬が供給しきれないことがあり、その場合近隣の村々から不足人馬を調達するしくみとなっていました。これを「助郷《すけごう》」の制度といいます。

ここに取り上げた例文は、幕末の慶応元年（一八六五）、日光道中野木宿《にっこうどうちゅうのぎじゅく》（現栃木県下都賀郡野木町）へ加助郷《かすけごう》を命じられた村々の助郷免除願書で、幕府の道中奉行へあてられた文書です。加助郷とは、正規の助郷村々（定助郷《じょうすけごう》）以外の村が、臨時に追加され助郷を命じられることです。宿場から離れた村が指定されることも多く、このときは武蔵国埼玉郡不動岡《ふどおか》村（現埼玉県加須市）などが命じられそうになっていました。

文字は、全体的に典型的なくずし方であっても、よりくずれた形のものが多く入っています。初めての方には難しいかも知れませんが、慣れるまで何度も繰り返して読んでみましょう。

① ② ③

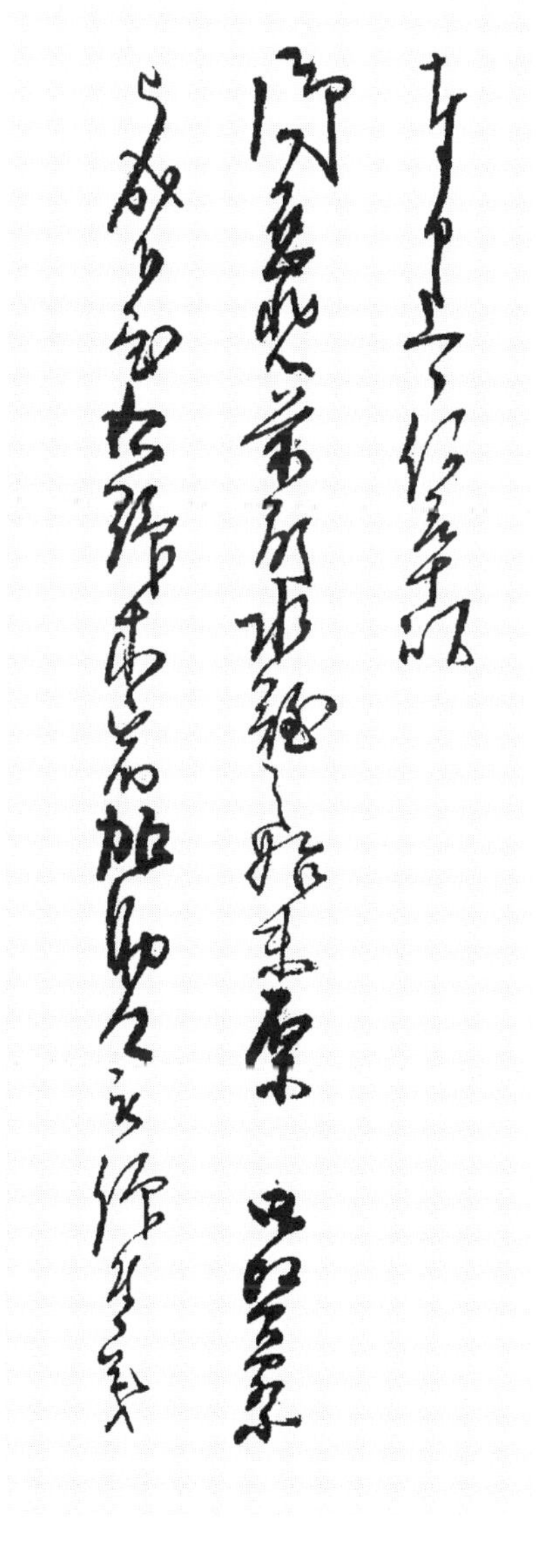

④

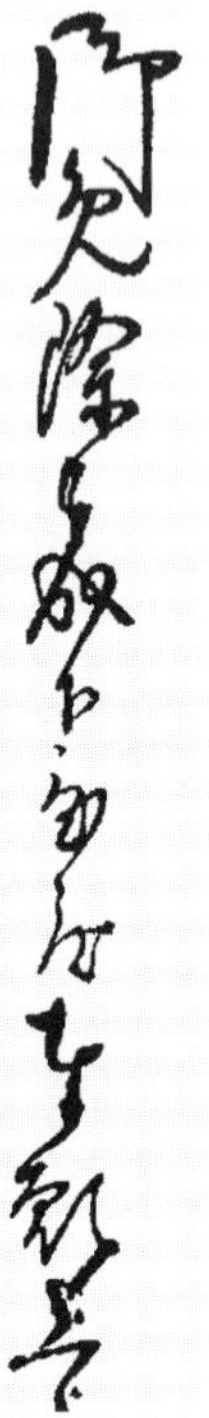

筆法・語釈

①は前文から続く文章です。最初と最後、「奉」と「候」は分かりましたか。はちょっと難しそうですが、まず偏が「亻《にんべん》」で、旁が「可」のくずし字であることがわかれば、「何」と読めるでしょう。次のはくずれていますが、「卒」です。「卆」と略されることもあります。これに「忄《りっしんべん》」がつくと「悴《せがれ》（忰）」となり、「亻《にんべん》」がつく異字「倅《せがれ》（伜）」もあります。「何卒」で読みは「なにとぞ」です。時代劇などのセリフで出てきますね。は「以《もって》」で返読文字ですので、②行目冒頭「御慈悲《ごじひ》」から返ります。「慈悲」は「心」のくずし方に注意してください。なお、「以」のあとは改行されています。これが平出《へいしゅつ》で、御慈悲を示す道中奉行、幕府へ対する敬意を表しています。は「前顕《ぜんけん》」で、前に書き記した内容のことを指します。「顕」のくずし字をマスターしましょう。「願」などと同様、偏と旁に注意です。続くでは、「難」のくずし字をチェックしましょう。返読文字としても頻出の語です。「水難《すいなん》」は水害のこと。は「御賢察《ごけんさつ》」と読みます。「賢」は頻出の「堅」と酷似しており、「察」もこの形で頻出です。「宀《うかんむり》」のくずし方にも注意してください。③は「右」のくずしです。は地名で日光道中の宿場町である下野国の「野木宿《のぎじゅく》」となります。「宿」は頻出。は「加助郷《かすけごう》」と読み、3字目は「合」にもみえますが、ここは「郷《ごう》」と読みましょう。「郷」のこの形も頻出です。このときは、通常の定助郷村々が不作で疲弊していたため、

遠い武蔵国の村々に振り替えられることとなったのでした。④は「御免除《ごめんじょ》」と読みますが、「免」はこの形で頻出します。許すという意味のほか、「免」は1字で年貢率という意味があります。「定免」「宥免」「赦免」「請免」「免相《めんあい》」など免のつく用語も多くあります。一度辞典などで確認するとよいでしょう。「被成下置度《なしくだしおかれたく》」の「置」と「度」も要チェックです。

解読文

①奉㆓申上㆒候、何卒以㆓
②御慈悲㆒前顕水難之始末厚　御賢察
③被㆓成下置㆒、右野木宿加助郷被㆓仰付㆒候義
④御免除被㆓成下置㆒度奉㆓願上㆒候

読み下し文

申《もう》し上《あ》げ奉《たてまつ》り候《そうろう》、何卒《なにとぞ》御慈悲《ごじひ》を以《もって》前顕水難《ぜんけんすいなん》の始末《しまつ》、厚《あつ》き御賢察《ごけんさつ》成《な》し下《くだ》し置《お》かれ、右野木宿《みぎのぎじゅく》加《か》助郷《すけごう》仰《おお》せ付《つ》けられ候《そうろう》義《ぎ》御免除《ごめんじょ》成《な》し下《くだ》し置《お》かれたく、願《ねが》い上《あ》げ奉《たてまつ》り候《そうろう》

現代語訳

（前文略）申し上げ奉ります。何とぞ御慈悲の心によって前文で明らかにした洪水の顛末を特段に御賢察になってくだしおかれ、右の本文にある野木宿へ加助郷をお命じになることは、免除して下されたく願い上げ奉ります。

§28 可為曲事（くせごとたるべし）

「処罰するべきとする」

吟味《ぎんみ》之上《のうえ》可レ為二曲事一《くせごとたるべく》候事《そうろうこと》

調査のうえ有罪とする。

●ステップ1 ――「為」を「たり」と読む場合の用法を学ぼう

「為」は、古文書を読む上で、実にやっかいな文字です。§13〜16でも触れたとおり、「す、さす」と読んで受身や使役の意味を表したり、「ため」と読んで目的を表したり、「なす」、「として」と読むこともあります。ここでもう一つ、「たり」と読む用法の登場です。

複数の読みや意味を持つ言葉は、意味を理解しながら読んでいくのが理想ですが、古文書を読む場合は、下に続く字のパターンが決まっているので、下にこの字がきたらこう読む、というように癖をつけてしまうのが早道ですし、疲れません。例えば、「後日」ときたら「ため」と読み（為後日・ごじつのため）、「取替」ときたら「し」と読む（為取替・とりかわし）のです。

本節登場の「たる・たり」も同様です。類例もあまり多くないので、覚えてしまいましょう。

さて、「**為**」は、下から返って「**たり**」と読む場合があります。例えば「為二親類一共《しんるいたりとも》」とか「為レ差《さしたる》儀無レ之《ぎこれなく》」「為二商船一《しょうせんたり》と言共《いえども》」などと用いますが、この「為《たり》」の上に「可《べし》」を付し、「可レ為二曲事一《くせごとたるべし》」

とか「可レ為二越度一《おちどたるべし》」「可レ為二無用一《むようたるべし》」などと用います。前者はたんに物事をはっきり指し示す断定の助動詞（〜である）ですが、後者の「為」に「可」が付く場合は、当然の意や、確実な推量の意味、あるいは命令の意味が含まれます。つまり、「可レ為二曲事一」は、きっと有罪とするに違いない、というような当然の意味や推量の意味を含んだ用い方となります。
例文を一つあげます。白文で読んでみましょう。

利徳之ため不都合之取計いたすニおゐてハ可為曲事候

【解説】「利徳」は利得のこと。利益を得ることです。そのために、不都合な取り計らい、つまり違法な手段を講じるということです。「**いたす**」は「致」で、するという意味。「**ニおゐてハ**」は「〜するについては」ということです。「**曲事**《くせごと》」は法に背くことで、処罰するという意味もあります。領主からの法令・命令などで、禁止・制限事項を破ることは「曲事である」というような、使われ方がされます。要するに、具体的な処罰うんぬんよりも、違法であり悪いことですよ、といった程度の意味で捉えておいてよいでしょう。「**曲事**」のように現代語で直訳しずらい言葉は、意味がわかっているのであれば、無理に訳さず「曲事である」というように、そのまま使って訳してしまうのも、方法の一つです。

【読み下し】利得《りとく》のため不都合《ふつごう》の取《と》り計《はか》らいいたすにおいては、曲事《くせごと》たるべく候《そうろう》

【現代語訳】利益を得るために不当な手段を講じることは、処罰する。

●ステップ2 ——「可為」のくずし方とそれに続く語を覚えよう

とはいうものの、すでに「可」も「為」も出てきているはずです。「可」の3パターンのくずしと字母が「可」の変体仮名の「か」、「為」の2パターンのくずしをよく思い出しましょう。「可為」に続く語はそれほど多くありませんが、今はあまり使わない表現の字がありますので、この機会に覚えましょう。

可レ為二遠慮一《えんりょたるべし》

可レ為二各別一《かくべつたるべし》

可レ為二重罪一《じゅうざいたるべし》

可レ為二越度一《おちどたるべし》

可レ為二軽少一《けいしょうたるべし》

可レ為二同前一《どうぜんたるべし》

可レ為二曲事一《くせごとたるべし》

可レ為二厳科一《げんかたるべし》

可レ為二反古一《ほごたるべし》

可レ為二曲事一《くせごとたるべし》

可レ為二罪科一《さいかたるべし》

可レ為二無用一《むようたるべし》

などがあります。それではここでこのような「可為」を含む言葉のうち3例についてもう少し詳しく説明しましょう。

a. 
可レ為二曲事一（くせごとたるべし）

「曲」はほとんどくずれていない場合と、「林」のような形のくずし方があります。

「曲事」は、次のような言い方の時にもよく使われます。

　いか様《よう》の曲事《くせごと》ニも可レ被二仰付一候《おおせつけらるべくそうろう》

どのような処罰も命じてください（どんな処罰を受けても構いません）といった意味になります。領主の禁令や制限に背いたときの誓約的な文言によくみられます。

b．　可レ為二越度一（おちどたるべし）

これも「曲事」と同じような意味で使われ、過失・手落ちなどとしますよ、というような意味になります。「曲事」よりやや弱いニュアンスですが、やはり決まり事や制限を遵守させるために使われることばです。江戸時代では、「落度」ではなく、「越度」と書かれました。

c．　可レ為二無用一（むようたるべし）

する必要がない、という意味になります。

では、次の短文で、練習してみましょう。

①

【筆法】は「名主・組頭」と読み、頻出します。とくに、「主」と、「組」の偏、「頭」の偏と旁に注意しましょう。は「可為」でどちらの文字も必修。の「氵《さんずい》」にみえる字は、偏ではなく繞《にょう》で「走」。「戉」と合わせて「越」です。「度」と合わせて一つの単語となり、「おちど・おっと」となります。

【語釈】名主・組頭＝村の役人です。庄屋、年寄などとする地域もあります。越度＝前ページbで触れたとおり、過失・手落ちなどと訳します。

【解読】名主・組頭可レ為二越度一事

【読み下し】名主《なぬし》・組頭《くみがしら》越度《おちど》たるべき事《こと》

【現代語訳】名主・組頭（村役人）の手落ちとすること。

②

【筆法】は、「若」と書いて「もし」と読みます。は「脇」の異体字「胑」。は「よ・り」の合字です。

【語釈】脇ゟ＝「わきより」と読み、ほかから、他所から。曲事＝「くせごと」と読み、不法、処罰。罪科。

【解読】若隠し置後日ニ脇ゟ相知候ハヽ、可レ為二曲事一候

【読み下し】若《も》し隠《かく》し置《お》き後日《ごじつ》に脇《わき》より相知《あいし》れ候《そう》らわば曲事《くせごと》たるべく候《そうろう》

【現代語訳】もし隠しおいて、後日になって外から知れることになったら処罰します。

③

【筆法】の1字目は「め」と書かれていますが「如」です。次は「何」の最もくずされた字体です。3字目は「様」。3文字で「如何様《いかよう》」と読みます。は「成」でとの二つの書き方があります。は「者《もの》」です。人を意味する言葉ではないので当て字と考えられます。

【語釈】小手形＝村方が何回かに分けて納めた年貢を受け取った領主側が発給した領収書。完納されると「年貢皆済目録」が村方へ渡されました。反故＝「ほご」と読み、不用になった紙。役に立たなくなったもの。無効。不用。破棄。

【解読】重而如何様成小手形出候共可レ為二反故一者也

【読み下し】重《かさ》ねて如何様成《いかような》る小手形出《こてがただ》し候共《そうろうとも》反故《ほご》たるべきもの也《なり》

【現代語訳】再びどのような小手形を出しても無効です。

●ステップ3 ―― 長文に挑戦

「可為曲事」や「可為越度」は、法令の条目や、裁決を下した文章で、守らなければ処罰しますよ、というニュアンスの文が来るときに使われる言葉です。五人組帳前書や裁許状などによくみられます。ここに掲げたものは、享和三年（一八〇三）のとある争論の訴状に対する評定所の指示事項です。村方から提出された訴状の裏に記され、相手方へ渡されたので、「目安裏書《めやすうらがき》」と呼ばれています。評定所は江戸幕府三奉行（寺社奉行・町奉行・勘定奉行）で構成された組織で、領主や管轄が異なる庶民の訴訟・

争論を取り扱いました。一般的には、当事者間による内済（示談のこと）が奨励されました。

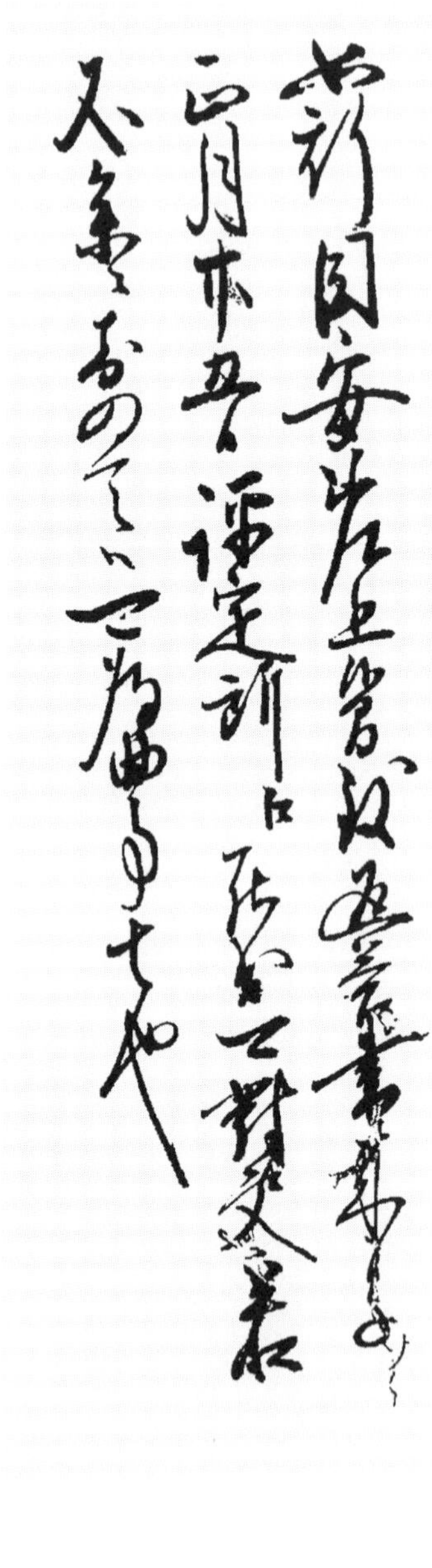

筆法・語釈

①1字目の「め」のようなくずしは、「女」か「如」で、ここでは返読文字の「如」。次も難しそうですが、の偏は「其」のくずし字と同じです。旁は、この形は「干」か「斤」、「リ」、「丁」のうちどれかです。ここでは「斤」で、偏と合わせて「斯」となります。「如レ斯《かくのごとく》」は「如レ此」とも書かれてよく出てくる表現ですので、覚えましょう。「このように」という意味になります。次の「目安《めやす》」は訴状のことです。「差上《さしあげ》」は提出するという意味。は「致《いたし》」の典型的なくずし。返読文字なので「返答書」から返ります。は「来」の典型ですが、「成」も似たくずしをするときがあります。「来《きたる》」と「去《さる》」は年月を示すときによくみられる表現です。行末の文字は「子」です。十二支の子年《ねどし》のこと。わかりづらいですが、片仮名で「ノ」が入ります。

②「正」と「廿五」に注意してください。古文書では一月とはいいません。二十と三十の異字、五のくずし字なども確認しておきましょう。は偏と旁がわかれば簡単です。「言《ごんべん》」

の典型と「平」で、「評定所」となります。は、1画目が横長なので「被」ではなく「罷《まかり》」です。は、返読文字「可《べし》」に「対決」と続き、「対決すべし」と返って読みます。「対」は旧字の「對」がくずれたもの、「決」は「氵《さんずい》」がほとんど省略されていますが、頻出語です。評定所で奉行たちの前で立論、弁論、反論して対決するのは、訴訟の訴訟方と相手方、当事者たちです。この行最後のは「若《もし》」と読みます。ほかのくずし方もありますので、確認しましょう。④は少し斜めになっていて一見読みづらいのですが、返読文字の「不」、は「参」のくずしの典型です。2文字で「不参《ふさん》」となり、欠席すること、つまり評定所に行かないことをいいます。は片仮名と平仮名が混じっていますが「ニおゐて八」と読みます。本節テーマの「可為曲事」のあとは、文末表現の「者也《ものなり》」です。

解読文

①如レ斯目安差上候間、致二返答書一、来子ノ
②正月廿五日評定所江罷出可二対決一、若
③不参ニおゐてハ可レ為二曲事一者也

読み下し文

斯《か》くの如《ごと》く目安《めやす》差《さ》し上《あ》げ候間《そうろうあいだ》、返答書《へんとうしょ》に致《いた》し、来《きた》る子《ね》の正月二十五日評定所《しょうがつにじゅうごにちひょうじょうしょ》え《（へ）》罷《まか》り出《い》で対決《たいけつ》すべし、若《も》し不参《ふさん》においては曲事《くせごと》たるべきもの也《なり》

現代語訳

このように、訴状を提出しましたので、返答書を作成し、来年の正月二五日評定所へ出頭し対決しなさい。もし出頭しなかった場合は処罰するものである。

§29 不及申（もうすにおよばず）

「言うまでもなく」

きりしたん宗門之儀《しゅうもんのぎ》ハ不及申《もうすにおよばず》
キリシタン宗門は言うまでもなく

●ステップ1 ――「不及申」の意味と用例を学ぼう

「**不及申**《もうすにおよばず》」は、言うに及ばない、言うまでもなく、といった意味の言葉です。ここに出てくる「**及**」のつく表現は、古文書には意外と多く出てきます。「及」は下から返って読む字で、「及〜」で、ついに〜となる、などと訳します。「不及〜」は、〜する必要がない、という意味です。「及」へ返る言葉は多種多様ですので、古文書に出てきたらそのたびにチェックするようにしましょう。

さて、「**不及申**」は、下から順に「**申すに及ばず**」と読み、それが当然でありそれ以外でも、という場合に用いる慣用句です。たとえば「御年貢者不レ及レ申《おねんぐはもうすにおよばず》、諸役掛り物迄《しょやくかかものまで》」という場合は、年貢は当然のこと、それ以外に諸役つまり本年貢以外の雑税も、という意味を含んだ表現です。また、この表現にはもう一つ「不レ及二申上一《もうしあ(げ)るにおよばず》」という言い方もあります。たとえば「御用之御役人中様方ハ不レ及二申上一《ごようのおやくにんちゅうさまがたはもうしあぐ(げ)るにおよばず》」などと、話す相手が役人などの場合、謙譲の意が増す表現として用いられるようです。

それでは「**不及申**」を含む文例を一つ紹介します。読んでみましょう。

村内之入用者不及申ニ

【解説】「入用」は費用のことです。「にゅうよう」と読みます。江戸時代、「村入用」というと、名主や村役人が村政を行ううえで必要な経費のことをいいます。書類用の紙・筆代、代官・領主との面談のための旅費、道や水路の維持など村の共益費などで、領主関係の行政的な経費と村の自治的な経費に分けられます。「村入用帳」という帳簿が作られ出費が記録されていました。ここでは、いわゆる村入用を指すのか不明ですので、文のまま村内の費用は、と訳します。「者」は変体仮名の「は」です。「不及申ニ」は下から読み返していきます。意味は、言うまでもなく、でしたね。ここでは送り仮名「ニ」が付いていますが、付かない例も多くあります。そのときは「に」を補って読んでください。

【読み下し】村内《そんない》の入用《にゅうよう》は申《もう》すに及《およ》ばず

【現代語訳】村内の費用は言うまでもなく

●ステップ2 ――「及」と「不及申」のくずし方を覚えよう

ステップ1の冒頭で述べましたように、返読文字「及」へ返る語はたくさんあります。「及」自体のくずし字は、「為」と似ているくらいで、さほど難しくありません。ただ、続く字が読めない場合もあるでしょう。用例ごとに必ず確認して、文意から推測して読むようにした方が早道かもしれません。ここでは代表例をいくつかあげておきます。

不レ及レ申《もうすにおよばず》

及二掛合一《かけあいにおよび》

及二懸合一《かけあいにおよび》

及二口論一《こうろんにおよび》

及二困窮一《こんきゅうにおよび》

及二争論一《そうろんにおよび》

及二大破一《たいはにおよび》

さて次に「不及申」のくずし方を紹介します。2番目の例は、「申」の下に助詞の送り仮名「ニ」が入って言います。また、前述のように「申すに及ばず」は下から「不及申」と書かれることが一般的ですが、3番目のように「申」が2字目に来ることも時々あります。最後の例は「申す」の変わりにやや謙譲の意を持たせて「申上」となっています。

さて、「不及申」あるいは「不及申上」が古文書の中でどのように使われているか見てみましょう。

御条目者不レ及二申上一《ごじょうもくはもうしあぐ(げ)るにおよばず》

博奕《ばくえき》《ばくち》ハ不レ及レ申《はもうすにおよばず》

当人者不レ及レ申《とうにんはもうすにおよばず》

諸親類者不レ及レ申《しょしんるいはもうすにおよばず》

ここで、3例ほど「及~」(①②③)と、さらに2例「不及申」(④⑤)を含む例文を紹介します。分かる部分だけでも読んでみて下さい。

①

【筆法】は「此《この》」の典型的なくずしです。もうひとつの形も思い出してください。は「艹《くさかんむり》」となっていますが、「節」です。「竹《たけかんむり》」の字を「艹《くさかんむり》」で書くことがあります。意味は同じで、解読するときは普通「節」と直してしまいます。は「為」にも似ていますが、「及《およぶ》」です。文意で判断しましょう。次の2文字は「出入《でいり》」。次は、虫損で見づらいかもしれませんが、「候共《そうろうとも》」と続いています。「共《とも》」は頻出しますので、忘れていたら必ず確認してください。

【語釈】此節＝このとき、このたび、あるいはそのまま、この節、としてもかまいません。出入＝争論・けんかのことです。今日でも一部でその意味の使い方が残っています。

【解読】此節及二出入一候共

【読み下し】此《こ》の節《せつ》出入《でい》りに及《およ》び候《そうろう》共《とも》

【現代語訳】このとき争論に及んだとしても

②

【筆法】は「違論」です。「逺」は「違」の異体字で、江戸時代ではこちらの方が一般的でした。は点の「論」は一見難しそうですが、「言《ごんべん》」が分かれば、旁は文字をなぞってみてください。「候《そうろう》」です。

【語釈】違論＝「異論」と同義。異体字の「吴」が使われることもあります。

【解読】及二違論一候義

【読み下し】違論《いろん》に及《およ》び候《そうろう》義《ぎ》

【現代語訳】異論を唱えたことは

③

【筆法】は「勿論《もちろん》」です。②でみたように、「論」の字に注意してください。は「印」の典型例です。「卬」と同じ形ですので、「亻《にんべん》」がつくと「仰」、「扌《てへん》」だと「抑」となります。は「儀」の典型。は平仮名で「およひ」とあり、は返読文字の「不」、は「申」です。

【語釈】印形＝印鑑のこと。差出＝提出するという意味で、頻出語です。およひ不申＝「およひ申さず」で「およびもうさず」と読み、～するには及ばない、～する必要はない、という意味になります。

【解読】勿論印形之儀も差出候ニ者およひ不レ申

【読み下し】勿論《もちろん》印形《いんぎょう》の儀《ぎ》も差《さ》し出《だ》し候《そうろう》にはおよび申《もう》さず

【現代語訳】勿論印鑑を提出する必要はない。

④

【筆法】は「高」、「馬」に類似していますが上に点が付くと「高」となります。は「扌《てへん》」

に「寺」のくずしで「持」となります。は「迄《まで》」の異体字「迠」。は「穴《あなかんむり》」に左下は「身」右側が「弓」、したがって「窮」と読みます。は§25の接頭語で説明しましたが「罷《まかり》」とよみます。次は「成」ですから「まかりなり」となります。

【語釈】高持＝「たかもち」と読み、年貢、諸役を勤める百姓のこと。本百姓。小前＝「こまえ」と読み、小前百姓の略。特別の権利、家格などを持たない一般の平百姓をさします。また、それ以下の小作など水呑《みずのみ》百姓をいう場合もあります。

【解読】高持之百姓ハ不レ及ニ申上ニ一小前末々迄困窮ニ罷成

【読み下し】高持《たかもち》の百姓《ひゃくしょう》は申《もう》し上《あ(げ)》ぐるに及《およ》ばず小前末々迄困窮《こまえすえずえまでこんきゅう》に罷《まか》り成《な》り

【現代語訳】高持ち百姓は申し上げるまでもなく小前や身分の低い者まで困窮になり

⑤

【筆法】は「当」の旧（正）字体「當」です。は2字目がはっきりしませんが2文字で「名主」と読みます。は「豆《まめへん》」に「頁」で「頭」。旁の字体はぜひ覚えましょう。の1字目は「急」、2字目は右上に点がないと「夏」とも読めますが、これは「度」、2文字で「急度《きっと》」と読みます。かならず、という意味です。は§28で学びましたが、「曲事《くせごと》」と読みます。は上から、可能の助動詞「可《べし》」、次は受身・尊敬の助動詞「被《る・らる》」、その下は「仰付候」、通して読みますと「おおせつけらるべくそうろう」となります。

【語釈】曲事＝「くせごと」と読み、法に背いた者を処罰すること。処分。

【解読】当人者不レ及ニ申上ルニ名主組頭急度曲事ニ可レ被ニ　仰付候

【読み下し】当人《とうにん》は申《もう》し上《あ(げ)》ぐるに及《およ》ばず名主《なぬし》・組頭《くみがしら》急度《きっと》曲事《くせごと》に仰《おお》せ付《つ》けらるべく候《そうろう》

【現代語訳】本人は言うまでもなく名主・組頭も必ず処罰を命じられます。

●ステップ3 —— 長文に挑戦

ここでは「五人組帳前書」の中の一条を掲げてみました。内容は、村方預かり鉄砲についての規定です。鉄砲の「砲」は、江戸時代では「炮」と火偏で書かれることが普通でした。ここに出てくるくずし字は、典型的な形のものばかりですので、よくチェックしながら一条読みきりましょう。

筆法・語釈

①冒頭の「一」は「ひとつ」と読みますが、このような形式を「一《ひと》つ書《がき》」といいます。今日の箇条書きのことですが、江戸時代には、一、二、三と続かず、一、一と、一を繰り返していきます。は両方とも偏は「金《かねへん》」の典型的なくずしです。「砲（炮）」を「鉋」とあてていま

すが、意味は無論「鉄砲」のことです。「鉄炮」ともよく書かれます。は「吟味《ぎんみ》」で、これも頻出表現。調査・審査のことです。は「預置候《あずけおきそうろう》」です。「預」は「願」と偏のくずし方が似ているので、注意が必要です。

ところで、この文の大意である、村へ鉄砲を預けておく、というのはどういうことなのでしょうか。江戸時代、武士以外は、武器としての鉄砲所持は禁じられていました。しかし、猟師の使用するものや害獣を威嚇するための鉄砲は必要でしたので、幕府は村にある鉄砲を調査登録し、本来持ってはいけないものだが一時的に村へ預けたものだ、という解釈で、村民の鉄砲所持を認めていました。あくまで、所有ではなく所持な訳で、村方へ預けおく、という表現が鉄砲関係の村方文書にはよくみられます。

②「外」は「ほか」と読みます。「他」よりもよく使われていました。は少し難しいのですが、「所」と「持」の代表的な形です。「所」はの形もよく出てきます。は「仕間敷候《つかまつるまじくそうろう》」です。これは、§24で既出です。は「尤《もっとも》」の典型的な形です。は「持主《もちぬし》」ですが、「主」は読めましたか。「持」はしっかり楷書で書かれているのに、「主」は小さくくずして書いてあります。現代とは違う、文字の大きさのバランス感覚が、くずし字で書かれた文章にはあります。は「外《ほか》」のくずし字。「外」は、これだけ覚えておけばよいでしょう。③は、「親子兄弟《おやこきょうだい》」です。「親」と「弟」のくずし字に注意してください。続くは、1字目が変体仮名の「た」、字母は「多」で「たりといふ共」となります。④は「堅《かたく》」で頻出です。「借貸」に続いて、は、これも頻出の表現です。返読文字「致」と「間鋪」は要チェックです。

解読文

①一、其村々鉄鉋（ママ）之儀、前々吟味之上預置候
②之外、一切所持仕間敷候、尤持主之外
③他人者不レ及二申一、親子兄弟たりといふ共、
④堅借貸致間鋪候事

読み下し文

一《ひとつ》、其《そ》の村々《むらむら》鉄砲《てっぽう》の儀《ぎ》、前々《まえまえ》吟味《ぎんみ》の上《うえ》預《あず》け置《お》き候《そうろう》の外《ほか》、一切《いっさい》所持《しょじ》仕《つかまつ》るまじく候《そうろう》、尤《もっと》も持《も》ち主《ぬし》の外《ほか》他人《たにん》は申《もう》すに及《およ》ばず、親子《おやこ》兄弟《きょうだい》たりといふ共《とも》、堅《かた》く借《か》り貸《か》し致《いた》すまじく候事《そうろうこと》

現代語訳

一つ、その村々の鉄砲のことは、以前に調査の上預け置いた分のほか、一切所持してはいけません。もっとも、持ち主のほか他人は言うに及ばず、親子兄弟であっても堅く貸借を禁じること。

§ 30

仍而如件（よってくだんのごとし）

「したがって上記のとおりです」

為二後日一仍而如レ件《ごじつのためよってくだんのごとし》

後日の証拠のため、よってこのとおりです。

●ステップ1 ——「仍而如件」の意味と用例を学ぼう

古文書の中でも借金証文や済口《すみくち》証文などの証文類、あるいは送り手形や通行手形などの手形類の最後に用いられる慣用句に「仍而如レ件《よってくだんのごとし》・依而如レ件」という文言があります。これは、前文に述べたとおり間違いはありません、という意味を持つ言葉で、古文書では最もポピュラーで頻度の高い慣用句です。これには、証文を取り交わしたという意味で「証文」という言葉を間にはさんで「仍《よって》而証文如レ件《くだんのごとし》」とか、後日の証拠とするという意味を持って頭に「為二後日一《ごじつのため》」を付け「為二後日一仍而如レ件」としたり、いくつものパターンがあります。一つ例を上げますので読んでみてください。

急度皆済可仕候、為後日証人加判仍而如件

【解説】「急度」は「きっと」と読み、かならず、の意です。「皆済」は「かいさい」と読み、年貢をすべて納めること。「加判《かはん》」は、判を押すこと。「為後日」以降は、証人が印鑑を押して前に述べたことを保証します、という意味の書止め文言です。

【読み下し】急度皆済《きっとかいさい》仕《つかまつ》るべく候《そうろう》、後日《ごじつ》の為《ため》証人《しょうにん》加判《かはん》、仍《よ》って件《くだん》の如《ごと》し

【現代語訳】必ず全納します。後日の証拠として証人の判をもって、このとおりでございます。

●ステップ2 ―― 「仍而如件」のくずし方と種々の表現を覚えよう

「如件」「仍（依）而如件」のさまざまなくずし方と、いくとおりかの表現を紹介します。

如レ件《くだんのごとし》

仍如レ件《よってくだんのごとし》

仍而如レ件《よってくだんのごとし》

依而如レ件《よってくだんのごとし》

為二後日《ごじつのため》一仍而《よって》名主《なぬし》組頭《くみがしら》印形《いんぎょう》如レ件《くだんのごとし》

為レ念《ねんのため》一札《いっさつ》仍而《よって》如レ件《くだんのごとし》

為《その》レ其《ため》連判《れんぱん》一札《いっさつ》仍而《よって》如《くだんのごとし》レ件

仍而《よってかえ》返り一札《いっさつ》差出《さしだし》申《もうし》候《そうろう》処《ところ》如《くだんのごとし》レ件

ここで、2例「**如件**」を含む例文を紹介します。

①

【**筆法**】は「**御奉公人**《ごほりこうにん》」と読みます。「**公**」がちょっと読みづらいかも知れません。は1字目の偏は「言」《ごんべん》、旁は「青」の典型的なくずしです。2文字で「**請状**《うけじょう》」と読みます。次のは「**受人**《うけにん》」で、「請人」とも書き、身元保証人のことです。は「**証印**《しょういん》」で、証明するために押される印鑑のことです。「**証**」は「**證**」という旧字が用いられていますが、この旁のくずしは典型ですのでぜひ覚えて下さい。

【**語釈**】**請状**＝「**うけじょう**」と読み、請人が引き受けて記した身元保証書。

【**解読**】右御奉公人請状受人証印一札、仍而如レ件

【**読み下し**】右御奉公人《みぎごほうこうにん》請《う》け状《じょう》受《う》け人《にん》証印一札《しょういんいっさつ》、仍《よ》って件《くだん》の如《ごと》し

【**現代語訳**】右に述べましたように、奉公人の請状を差し出し、受け人が判を押して一札出しますことは以上のとおりです。

②

【筆法】は「為二後日之《ごじつのため》一」ですが、「後日」のあとに「之」が入っていますので要注意。は「証人」ですが、①にも出てきました「証」とちょっとくずしが違います。は「証」の旧(正)字体「證」です。は「連印」と読みます。は変体仮名で「いたす」と読みます。字母漢字は「以」「多」「春」。とくに「春」の仮名字体はしっかり覚えてください。は「処」の旧(正)字体「處」のくずしです。

【語釈】連印＝証人など全員が署名・印鑑を連ねること。

【解読】為二後日之一証人連印いたす処、依而如レ件

【読み下し】後日《ごじつ》の為証人連印《ためしょうにんれんいん》いたす処《ところ》、依《よ》って件《くだん》の如《ごと》し

【現代語訳】後日の証拠として、証人全員が印鑑を押しますところ、このとおりです。

●ステップ3 ―― 長文に挑戦

この文書は、「屋敷売渡証文」の後半部分です。前半には売り渡す屋敷の広さと金額が書かれ、売り渡す理由が記された後に、屋敷を引き取った町内の者が確かに金銭を受け取った旨が述べられています。そしてこの文章につながるわけですが、今後問題が起きても村方で一切を処理するので、この証文を差し出すことになったようです。

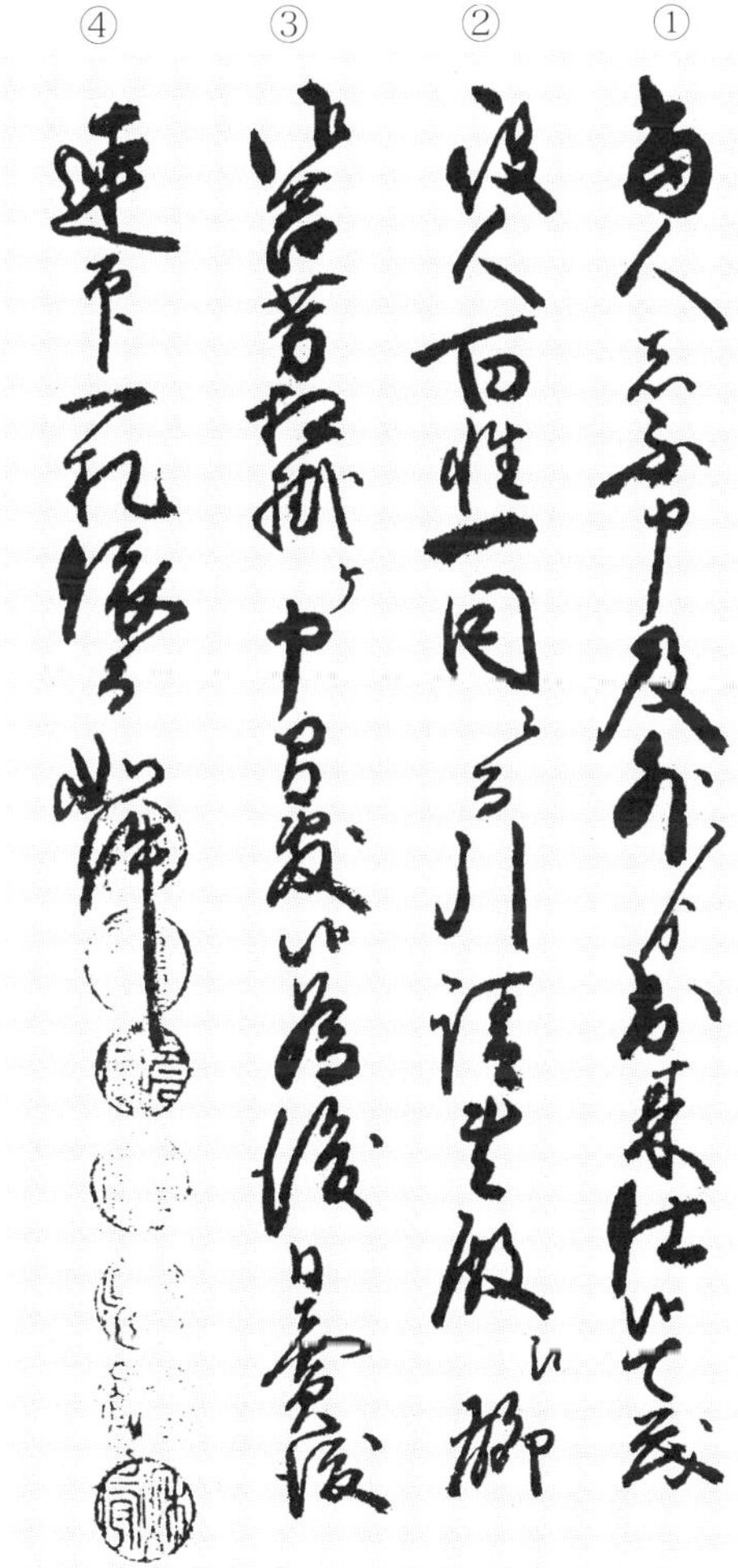

筆法・語釈

①は§29で学びましたが、下から「申すに及ばず」と読みます。は1字目が「外」で「ほか」と読みます。2字目は「よ」と「り」の合体した文字で合字と言います。は「出来《しゅったい》」と読み、出てくること、事が起こることなどの意です。②は「百性《ひゃくしょう》」ですが、「姓」が慣用字の「性」を用いています。は片仮名の「ニ」に「而《しこう》して」の「而《て》」で「にて」と読みます。は「貴殿《きでん》」です。ほかにとかなどともくずされます。の1字目は接頭語の「相《あい》」、次は「掛《か》ケ《け》」と読みます。「ケ」を読み落とさないように注意してください。は「聊《いささか》」と読みます。下に打ち消しの言葉（申間敷）が来るときは、少し

も〜ない、と訳します。は§24で取り上げましたが、「申間敷《もうすまじく》」と読み、〜申しません、〜しません、という意味です。

解読文

①当人者不二申及一外ゟ出来仕候て茂
②役人百性一同ニ而引請、貴殿江聊
③御苦労相掛ケ申間敷候、為二後日一売渡
④連印一札、依而如レ件

読み下し文

当人《とうにん》は申《もう》すに及《およ》ばず、外《ほか》より出来《しゅったい》仕《つかまつ》り候《そうろう》ても、役人《やくにん》百姓《ひゃくしょう》一同《いちどう》にて引《ひ》き請《う》け、貴殿《きでん》え《(へ)》聊《いささ》か御《ご》苦労《くろう》相掛《あいか》け申《もう》すまじく候《そうろう》、後日《ごじつ》の為《ため》売《う》り渡《わた》し連印《れんいん》一札《いっさつ》件《くだん》の如《ごと》し

現代語訳

本人は言うまでもなく、他所から問題が起きても、役人・百姓一同が引き請けて、あなたにいっさいご苦労をかけません。後日の証拠として一同が捺印した売却証文は、以上のとおりです。

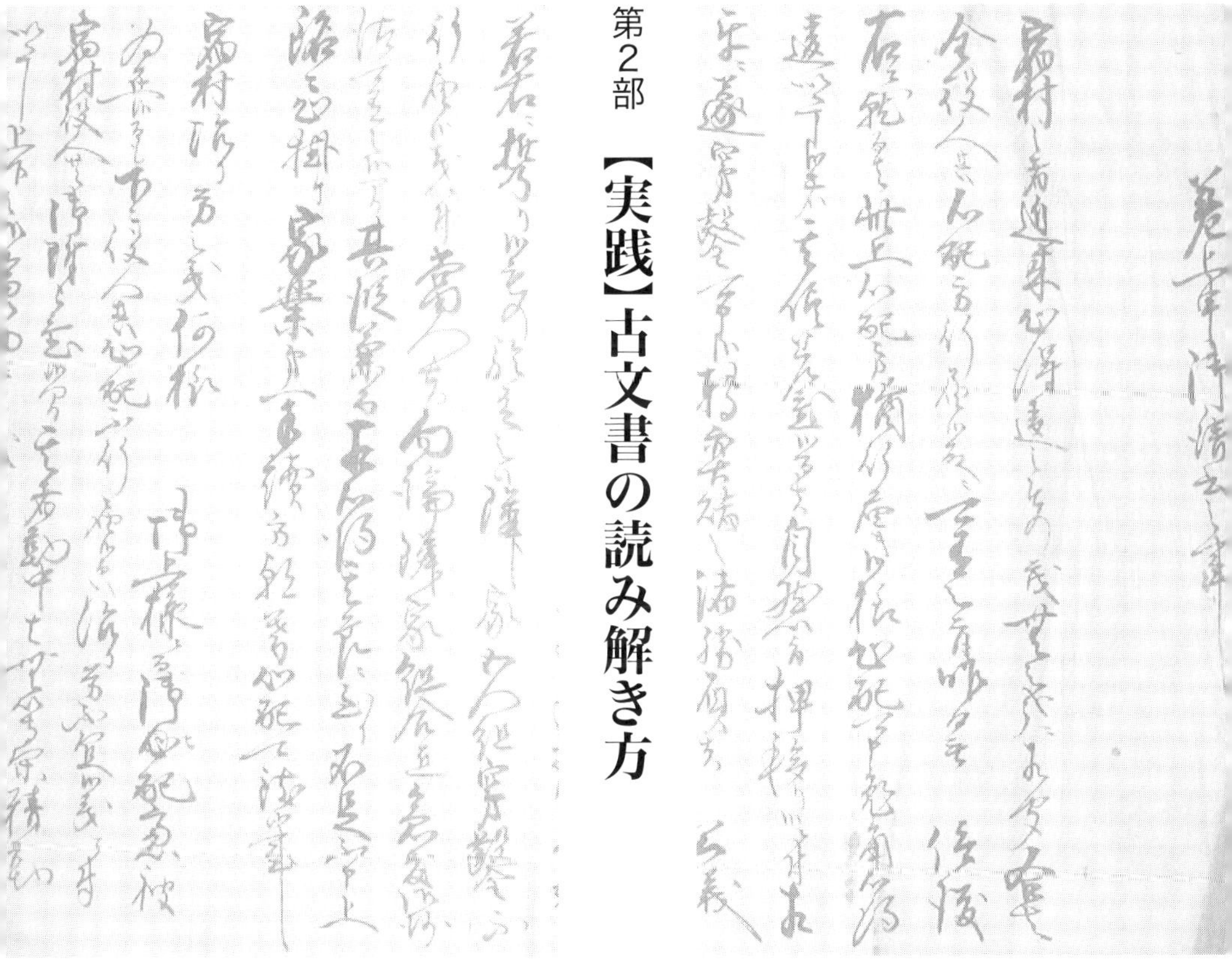

第2部

【実践】古文書の読み解き方

古文書は、やはり1点を読み切ってこそ、楽しみが広がっていくものです。個々のくずし字を解読し、語句と文意を読み取りながら、古文書のかたち（様式）も味わってください。江戸時代の古文書は、基本的には手紙のような宛て先のある文書か、記録、帳簿です。学問的にいうと、古文書と、日記などの古記録とを分ける場合もあります。

古文書のかたちというのは、手紙文の書札礼《しょさつれい》のような、古文書の様式のことです。表題、文の書き出しと書き止め、作成年月日、差出人・作成者（発給者）と受取人（宛所・受給者）、署名・肩書・印判・花押、端書・奥書・裏書・端裏書、包紙・封紙、料紙など、古文書から読み取れるさまざまな情報に注意することで、その古文書が作成されたときの状況を想像しながら、古文書を読み解き、史実を繙《ひもと》いていくことができます。

最初は文字の解読だけでも大変かもしれませんが、この実践編の古文書を何度も読み返してくずし字をマスターしたら、古文書のかたちにも注目してみましょう。

1　簡単なくずし字の古文書にチャレンジ

■藩領から天領への人別送り証文　「指越申一札之事」

この古文書は、とてもきれいなくずし字で書かれていいます。これまで練習した頻出の表現・語句も使われています。初めて触れるのに、ふさわしい古文書です。

本文を読む前に、まず全体を見渡して、古文書の形を見てみましょう。

表題は、「指越申一札之事」です。「指（差）越」は相手方に差しよこす、差し渡すという意味で、「一札」は証文のこと。したがって、この古文書は、相手方へ渡した証文であることが分かります。代官・領主

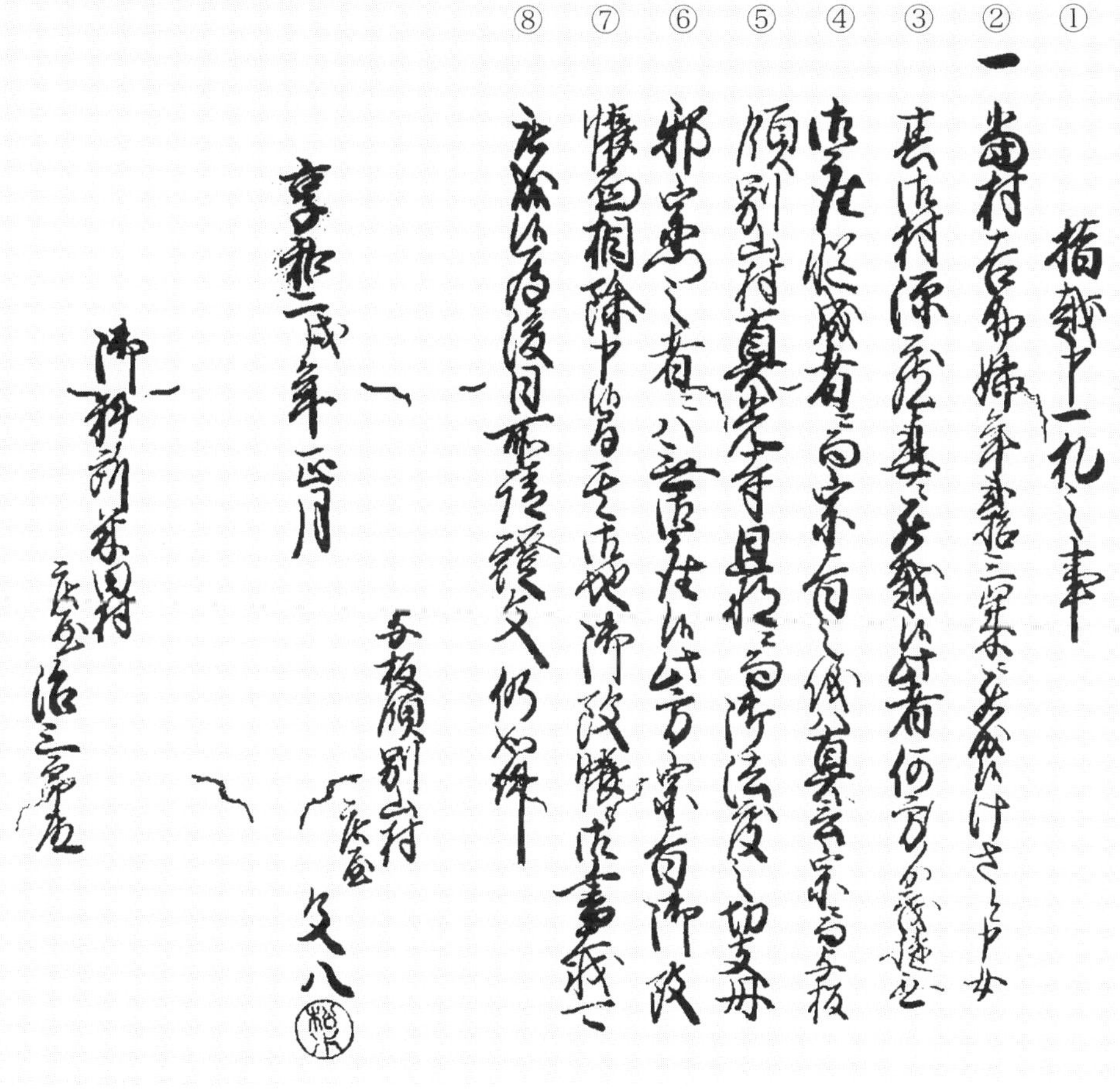

から村方へ宛てた年貢納入通知書・領収書である年貢割付《ねんぐわりつけ》《わっぷ》や皆済目録《かいさいもくろく》など、定型的な古文書の場合、表題をみただけで内容まで推測できることがあります。また、その古文書が、願書や届書なのか、請書《うけがき》《うけしょ》（お触れなどについての領主への誓約書）なのか、証文なのか、議定《ぎじょう》（取り決め）なのかなど、古文書の性質をある程度推測できます。そうすると、古文本文を読むときにも役立ちます。古文書を読むときには、表題にまず注意しておきましょう。

この文書が作られたのは、年記にあるとおり、享和二年（一八〇二）正月です。

当事者と相手方は、差し出し（作成者）と受け取り（宛所《あてどころ》）で分かります。作成者は別山村《べつやまむら》庄屋の文八です。捺印もされていますので、この証文は、実際に通用した原本でしょう。

宛先は米田《こめだ》村庄屋治三郎です。「殿」

と敬称が書かれています。こうした「殿書《とのがき》」・「様書《さまがき》」や相手方の書かれる位置により、差し出し、受け取り双方の身分関係が反映される場合があります。ここでは、同じ身分で同格の者どうしの文書にみられる一般的な配置となっています。

折り目に沿って、等間隔でしみや虫食いの跡が見られますので、折りたたまれた形で、長い間保存されていたようです。

さて、この古文書の内容は、婚姻に伴う送籍の証文です。一般に、「送り手形」とか「送り一札」などと呼ばれている「村送り状」の仲間となります。享和二年（一八〇二）正月に、越後国与板藩領別山《えちごのくによいたはんりょうべつやま》村《むら》（現新潟県柏崎市）の庄屋《しょうや》（村長のこと、一般に東日本では「名主」と呼ぶところが多い）から、天領《てんりょう》の米田村《こめだむら》（現新潟県三島郡出雲崎町）庄屋へ宛てられたものです。

江戸時代の村人の戸籍は、「宗門人別帳」によって、お寺の檀家として把握されていました。したがって、婚姻や養子縁組などで村を出る場合には、実家の檀那寺から抜け、嫁ぎ先・縁組先の檀那寺《だんなでら》の檀家《だんか》として登録されることになります。その際の行政手続きとして、転出元から転入先へ、「村送り状」が送られました。お寺さんの間では、「寺送り状」が送られます。「村送り状」には、転出の理由、転出者の檀那寺と身元の証明、とくにキリシタンなど禁止の宗教ではないことなどが明記されていました。

【解説】

①行目の表題の「指越」は、「差越」となることが多いです。「差上」「差置」など、「差（指）」がつく言葉は頻出ですので、字典などで確認しておきましょう。②行目以降が本文で、箇条は1条だけですが、一つ書きの形をとっています。②行目では「当（當）」のくずし、「弐拾三」という江戸時代の数字の書き方、「歳」、「罷」、「候」、③行目では、名前の「源蔵」、「罷越」、「此」、「何」、「よ」と「り」の合字「ゟ」、変体仮名の「も」字母は「茂」、「無御座」、④行目の「慥成《たしかなる》」、「二而」、⑤行目の「旦那」、⑦行目の「候間」、「其」、「御書載可レ被レ成候」などが、注意すべき文字とくずし字です。⑧行目の書き止め部分は、証文ではよく出てくる表現なので、必ずチェックしておきましょう。「証文」の証は、旧字です。

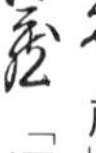

ことばの意味では、③行目の「**構無㆓御座㆒**」は、お構いもなく、差し支えなく、問題なくといった程度の意味ですが、「構《かまい》」で禁制や追放という意味もあります。要は、どこからも注意などされたことがなく、確実な人物ですと、身元を保証したものです。④行目「**宗旨**」は宗派のこと、⑤行日の「**旦那**」は、檀家であるということです。「**御法度**《ごはっと》」は法律のことですが、ここではとくに禁制の、禁じられているという意味になります。「**切支丹邪宗門**」は、キリスト教など江戸時代信仰が禁じられていた宗教のこと、「**宗旨御改帳**」は、旦那寺ごとに家と家族を記載した宗門人別帳のことで、江戸時代の戸籍簿にあたるもの。寺院の檀家であることで、禁止宗教の信者ではないことを証明しました。⑦行目「**其御地御**《そのおんちお》**改帳**《あらためちょう》」とは、転入先である相手方の村の宗門人別改帳であるということ。「**所請**《ところうけ》」は、この場合転出前の場所、身元は保証するということで、文中の「**所請証文**」とは、この証文自体のことを指します。

本文④行目や差し出しにある「**与板領**」とは、与板藩領であるということです。当時の与板藩（陣屋は現新潟県長岡市）は、彦根藩の分家筋にあたる井伊氏が藩主で、石高二万石でした。受け取りの肩書にある「**御料所**」は幕府直轄領で、天領のこと。米田村は脇野町代官所（現新潟県長岡市）の支配を受けていました。

なお、関東地方や東海地方では「領」という言葉は、領地という意味のほかに広範囲にわたる地域をさす場合もあり、注意が必要です。

【解読文】

① 指越申一札之事

② 一、当村吉助姉年弐拾三歳ニ罷成候けさと中女、

③ 其御村源蔵妻ニ罷越候、此者何方より茂構㆓無

④ 御座㆒慥成者ニ而、宗旨之儀ハ真言宗ニ而、与板

⑤ 領別山村真光寺旦那ニ而、御法度之切支丹

⑥ 邪宗門之者ニハ無㆓御座㆒候、此方宗旨御改

⑦ 帳面相除申候間、其御地御改帳ニ御書載可㆑

⑧ 被㆑成候、為㆓後日㆒所請証文仍如㆑件

与板領別山村

庄屋

享和二戌年正月　文　八　㊞

御料所米田村

庄屋　治三郎殿

【読み下し文】

① 指《さ》し越《こ》し申《もう》す一札《いっさつ》の事《こと》

② 一《ひとつ》、当村《とうそん》吉助《きちすけ》姉《あね》年《とし》二十三歳《にじゅうさんさい》に罷《まか》り成《な》り候《そうろう》けさと申《もう》す女《むすめ(おんな)》、

③ 其《そ》の御村《おんむら》源蔵《げんぞう》妻《つま》に罷《まか》り越《こ》し候《そうろう》、此《こ》の者《もの》何方《いずかた》よりも構《かま》い

④ 御座《ござ》無《な》く慥《たし》か成《な》る者《もの》にて、宗旨《しゅうし》の儀《ぎ》は真言宗《しんごんしゅう》にて、与板《よいた》

⑤ 領別山村《りょうべつやまむら》真光寺《しんこうじ》旦那《だんな》にて、御法度《ごはっと》の切支丹《きりしたん》

⑥ 邪宗門《じゃしゅうもん》の者《もの》には御座《ござ》無《な》く候《そうろう》、此《こ》の方宗旨御改《ほうしゅうしおあらため》

⑦ 帳面《ちょうめん》相除《あいのぞ》き申《もう》し候《そうろう》間《あいだ》、其《そ》の御地《おんち》御改帳《おあらためちょう》に御書載《おかきのせ》

⑧ 成《な》らるべく候《そうろう》、後日《ごじつ》の為所請証文仍《ためところうけしょうもんよっ》て件《くだん》の如《ごと》し

与板領別山村《よいたりょうべつやまむら》
庄屋《しょうや》　文《ぶん》　八《はち》　㊞

享和二戌年正月《きょうわにいぬどししょうがつ》
御料所米田村《ごりょうしょこめだむら》
庄屋《しょうや》　治三郎殿《じさぶろうどの》

【現代語訳】

証文を指し越します（差しよこす証文のこと）

一つ、当村（別山村）吉助の姉、年齢二十三歳になるけさという女性が、貴村（米田村）源蔵の妻となり参ります。この者はどこからも問題がなく、人物も確かな者で、宗派のことは真言宗で、与板藩領別山村真光寺旦那で、ご禁制のキリシタンではございません。当方の宗門人別帳から除きますので、貴地の御改帳に記載してください。後日のため、所請証文はこの通りです。

（埼玉県立文書館保管・長谷川〈宏〉氏収集文書№：123）

2　やや難解なくずし字の古文書を解読

■保護区での白鷺盗難現場遺留品の差上書　「差上申一札之事」

一見難しそうな字で書かれた古文書です。しかし、文字のくずし方は、基本的な形であり、続き字ではなく一文字一文字が区切れて書かれているので、じっくりと解読に取り組んでみてください。まず、どれが一文字か確定し、古文書の形と文字・文章の意味から解読していきましょう。つまったときは、書かれたとおりになぞってみながら考えてみましょう。

幕末、弘化四年（一八四七）五月に作成されたこの古文書は、かつて「野田の鷺山」と呼ばれていた「鷺藪《さぎやぶ》」、埼玉県さいたま市緑区上野田の白鷺《しらさぎ》繁殖地が舞台のものです。昭和四十六年（一九七一）に消滅するまでは、国の特別天然記念物に指定されていました。

『浦和市史』通史編IIによると、野田《のだ》の鷺山《さぎやま》の起源は、江戸時代中ごろの享保十三年（一七二八）、有名な享保の改革の一環として、鷺山の近くにあった広大な見沼を開発し、見沼田《みぬまた》んぼ（見沼新田）が造成されたことにありました。

広大な水田は白鷺が餌を取るのに適しており、繁殖期に巣を作るようになったということです。文化・文政期に当地を訪れた江戸の僧津田大浄《つだだいじょう》は、この鷺山のありさまを「数万億樹上に群棲す」と記しています（『遊歴雑記《ゆうれきざっき》』）。

そのころ、あたりは徳川御三家《ごさんけ》のひとつ紀州藩主《きしゅうはんしゅ》が鷹狩《たかがり》をする場所、鷹場《たかば》に指定されていました。鷹狩は、娯楽として、また武芸鍛錬のために将軍や諸大名に好まれた、鷹を使った狩猟です。時代により制度的な推移があり、五代将軍徳川綱吉の生類《しょうるい》あわれみ政策で廃止されたこともありました。将軍家の御鷹場《おたかば》をはじめ、江戸周辺には狩猟者ごとにエリアが定められており、鷹場とその周辺（捉飼場《とらえかいば》）は、獲物と環境を維持するための一種の鳥獣保護区となっていました。

野田の鷺山については、鷹場を管理していた紀州徳川家による保護策がとられていたため、「紀伊殿《きいどの》囲鷺《かこいさぎ》」と呼ばれていました。鷹場を管理する役人である鳥見役《とりみやく》が浦和宿・大門《だいもん》宿の有力者（星野氏・会田氏ほか）から選ばれ、紀州藩から任命され、鷺藪の維持・管理の指導にあたっていました。鷺藪は、文化四年（一八〇七）ごろまでは新染谷村（現さいたま市緑区）にありましたが、竹藪が枯れてしまったため、寺山村（現さいたま市緑区）へと移りました。「囲鷺」のある村方へ対して紀州藩から木杭が下付され、「紀伊殿囲鷺」と明示されており、地元の村々が鷺の保護と調査、竹木の管理、警備などにあたっていました。

【解説】

まずは、この古文書全体の形からみてみましょう。表題のはよろしいでしょうか。「差上」は「指上」とも書かれることがあります。代官・領主などへの、提出文書によくみられる表現です。「一札」は、証文のことですが、形式ばった証明書だけでなく、何かを証する書類といった程度の意味のこともあります。表題から、誰か上位の者へ届け出た古文書であることが分かります。

続いて年記と差出人、受取人をみてみましょう。それらは、古文書の奥（古文書では読む順に手前を「端《はし》」、最後を「奥」といいます。なお、上は「天」、下は「地」）の方に書かれています。は読めましたか。元号と数字、干支、月・日など、くずし字と表現法にははやく慣れましょう。くずし字では、「四」「五」の形、「日」などが典型です。また、ここでは「十」が使われていますが、「拾」「廿」「卅」も思い出してください。あと、江戸時代では場合によって閏月があることがあります。この古文書は、弘化四年（一八四七）五月十九日に認められました。

年記の下にある差出人は3人です。名前の前に3行にわたって肩書きが書かれていますが、領主名（支配）と国郡村名（住所）が記される場合が普通です。は幕府代官の名前、「青山録平」です。続いて「御支配所」とありますので、幕府領（天領・御料《ごりょう》）であることが分かります。「御代官所」と書かれることもあります。「支配」は江戸時代よく出てくる言葉ですが、管轄・所管といった意味に近い言葉です。幕府領以外の私領の場合、旗本では「御知行所」、

① ② ③ ④ ⑤ ⑥

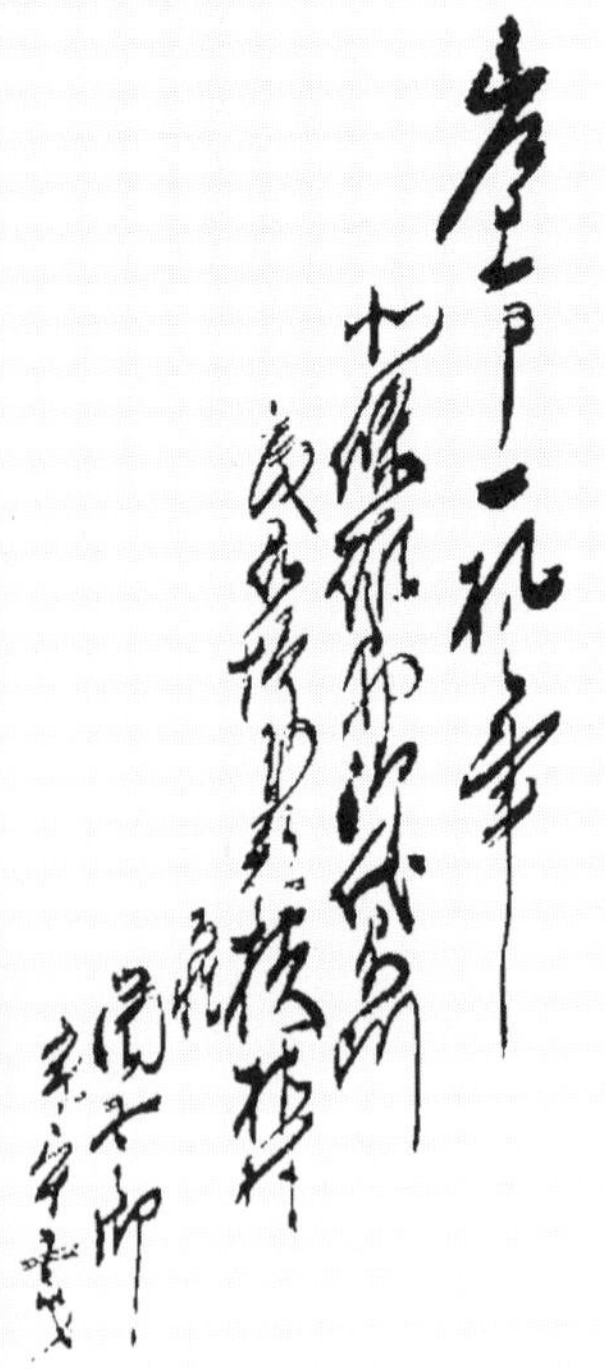

⑱ ⑰ ⑯ ⑮ ⑭ ⑬ ⑫ ⑪ ⑩ ⑨ ⑧ ⑦

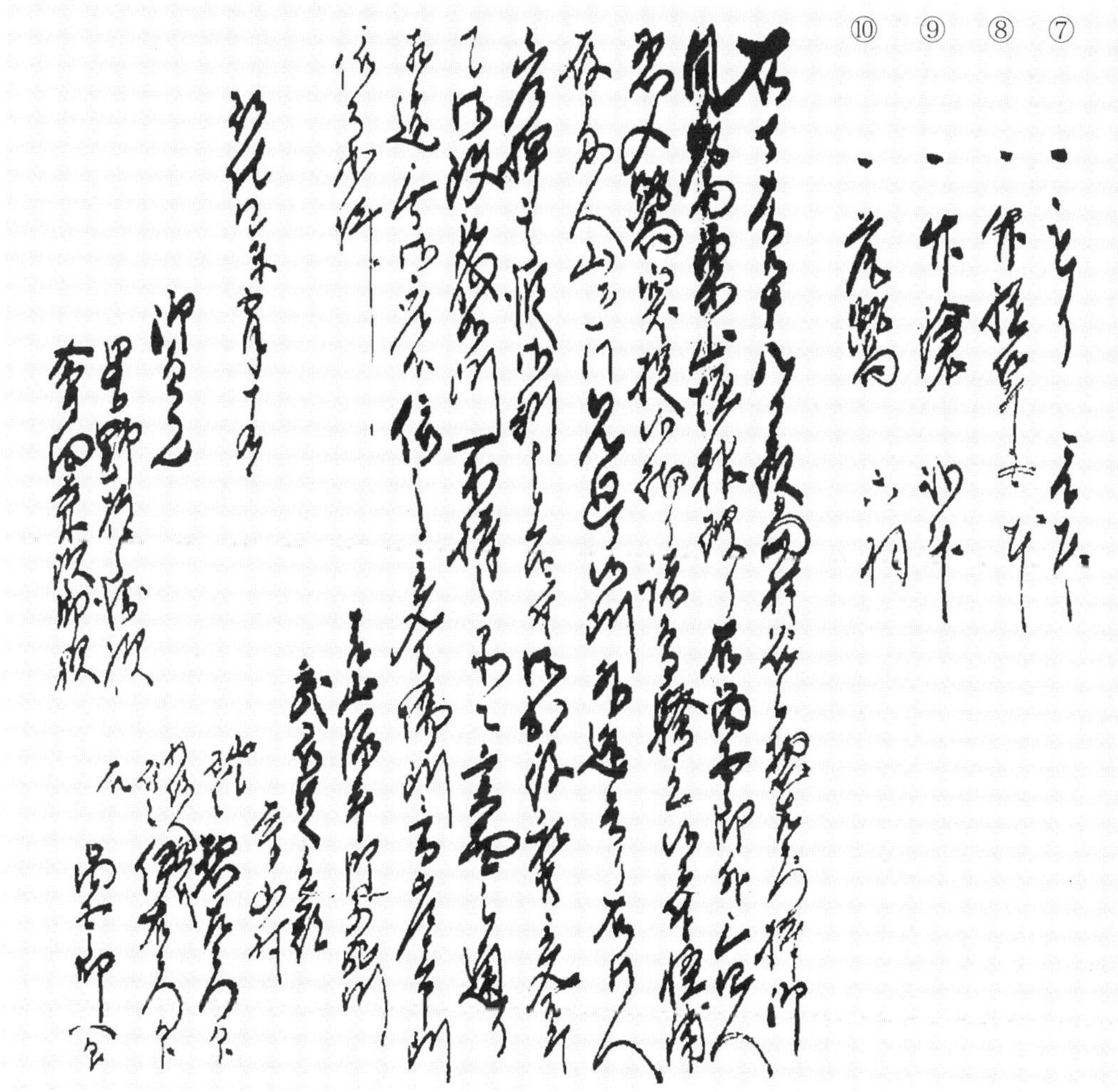

大名では「御領分」などと書き分けられます。地名の方はよろしいでしょうか。くずし字では「**青**」と「**録**」、「**刕**」（「州」の異体字）」は頻出です。

差出人は、「**惣左衛門**」「**伊右衛門**」「**留五郎**」の3名です。それぞれ名前の上に肩書きがあります。惣左衛門は「**山主名主**」、伊右衛門は「**村役人惣代　名主**」です。「**山主**」は「**鷺藪**」の持ち主であること、「**惣代**」は、今日では「総代」です。惣左衛門も伊右衛門も寺山村の名主でした。このように、一つの村に複数の名主・庄屋がいる場合もあります。留五郎の肩書は「**右**」ですが、表題の脇をみてください。支配と住所に続いて、「**百性留五郎　年三十五才**」とあります。事件や訴訟などがあった場合、当事者や相手の名前が本文の前に書かれます。差出にある「右」は、この部分のことを指しています。くずし字では「主」、「惣」、「伊」、右衛門、左衛門などに注意しましょう。百姓は「性」の字が書かれていますが、江戸時代では「姓」と「性」どちらも使われました。

さて、差出人の名前の下に「印」と筆で書かれています。読めましたか。これは、原本では捺印がされていたということ。ということはこの古文書は原本の写しということになります。書体が少し解読しずらいのは、写しであるからかも知れません。この古文書は、留五郎の住所、横根村（現さいたま市岩槻区）に伝わったものですので、原本は鷺藪のあった寺山村で作成され後述の鳥見役へ提出されました。横根村の名主も関係があったため、書類を写しておいたのでしょう。寺山村には、控や下書が残っていたはずです。控には捺印されていたかも知れません。

なお、留五郎の印の上に「（」が書かれています。これは爪印が押されていたということ。ふつう左手親指の爪先に墨をつけて押しました。江戸時代の村人の印章は、基本的には家の印鑑であり、家族のうちの誰かや、事件などの当事者を特定する場合には、爪印が使われました。

受取人は、「御鳥見」と肩書きのある、「星野権兵衛」、「会田栄次郎」の二人です。御鳥見は、紀州藩より委託を受けた、紀州家鷹場の現地管理責任者です。それぞれ中山道浦和宿、日光御成道大門宿の有力者で、御鳥見頭取を勤めており、苗字を名乗っています。くずし字では「鳥見」「権」「兵衛」「様」などが頻出です。よく確認しておきましょう。

以上をまとめると、横根村の留五郎が起こした事件に関する寺山村名主らから紀州藩鳥見役へと提出された書類の写しであるということになります。これから本文を読むときに、このことを参照しながら読んでいきましょう。

本文の前に、一つ書で4条ほど品数が書いてあります。もり、竹継竿、竹鎗（槍）、落鷺です。本文を読むと分かりますが、鷺を突き捕らえようとした盗人の遺留品です。「も」「本」「竹」「継」「落」は頻出です。また、品名が出てきたら、その数え方の単位にも注意しておきましょう。

さて、本文のくずし字と語句に入りましょう。⑪

行目「右者」はもう大丈夫でしょう。よくある書き出し文です。「去ル十八日夜」とありますから、本文が作成された前日晩の出来事でした。くずし字では「去ル」「夜」「当」はよく確認してください。⑫行目のは「囲鷺」です。とくに「鷺」の字は「路」と「鳥」の2文字にも見えるでしょう。囲鷺ということばを知っていれば、難しくないはずです。あとは「破り」、⑬行目の「忍」「砌り」「諸鳥」「立」「怪鋪（怪敷）」、⑭行目「番人」「見廻り」、「逃」の異体字「迯」、⑮行目「其段」「訴」「御出役」「共」「にて」、⑯行目「被成」「所持」「品」、⑰行目「相違（遠）」「無御座」、⑱行目の書き止め表現などのくずし字は、必ずマスターしましょう。いずれもよく出てきます。

語句については、冒頭の説明文で述べたように、ここが紀州家の鷺藪で、白鷺を保護する場所であったことを念頭に読んでいく必要があります。そこに鷺を突き捕らえようとした一味が入ったものの、鷺藪には盗人を警戒して夜間番をする人がおり、鳥が騒いで見つかってしまい、留五郎一人取り押さえられたというあらすじです。⑮行目に「其段御訴申上候ニ付」とあるように、すぐに鳥見へ報告があり、鳥見が出張して当事者立会のもと現場検証がなされました。⑰行目にある「立合場所書」が、本文書となります。現場検証後の遺留品調書といったところでしょうか。

余談ですが、この数日後留五郎は病気となり、住所の横根村から嘆願書が出されました。

【解読文】

① 差上申一札之事
② 北条雄之助御代官所
③ 武州埼玉郡横根村
④ 百性
⑤ 留　五　郎
⑥ 年三十五才
⑦ 一、もり　壱本
⑧ 一、竹継竿　五本
⑨ 一、竹鎗　弐本
⑩ 一、落鷺　六羽
⑪ 右者去ル十八日夜当村名主惣左衛門持御
⑫ 囲鷺巣山垣根破り、右留五郎外三、四人
⑬ 忍入鷺突捉候砌り諸鳥騒立候ニ付、怪鋪

⑭存番人山ヲ一同見廻り候所、外逃去り右同人
⑮差押其段御訴申上候ニ付、御出役私共立合に
⑯て御改被レ成候所、所持之品々書面之通り
⑰相違無二御座一候、依レ之立合場所書差上申所
⑱依而如レ件

青山録平御支配所
武州足立郡
寺山村

弘化四未五月十九日　山主・名主　惣左衛門　印
村役人惣代
名主　伊右衛門　印
右　留五郎　（印

御鳥見
星野権兵衛様
会田栄次郎様

【読み下し】

差《さ》し上《あ》げ申《もう》す一札《いっさつ》の事《こと》
北条雄之助御代官所《ほうじょうゆうのすけおだいかんしょ》
武州埼玉郡横根村《ぶしゅうさいたまぐんよこねむら》
百姓《ひゃくしょう》　留五郎《とめごろう》　年三十五才《としさんじゅうごさい》
一、もり　一本
一、竹継竿《たけつぎざお》　五本
一、竹槍《たけやり》　二本
一、落鷺《おちさぎ》　六羽
右《みぎ》は去《さ》る十八日夜《じゅうはちにちよる》当村《とうそん》名主《なぬし》惣左衛門《そうざえもん》持《もち》御囲《おかこい》鷺巣山《さぎすやま》垣根《かきね》破《やぶ》り、右《みぎ》留五郎《とめごろう》外《ほか》三《さん》、四人《よにん》忍《しの》び入《い》り鷺《さぎ》突《つき》捉《とらえ》候《そうろう》砌《みぎ》り諸鳥《しょちょう》騒《さわ》立《だ》ち候《そうろう》ニ付《につき》、怪《あや》しく存《ぞん》じ番人山《ばんにんやま》を一同《いちどう》見廻《みまわ》り候所《そうろうところ》、外《ほか》逃《に》げ去《さ》り右同人《みぎどうにん》差《さ》し押《お》さえ其《そ》の段《だん》御訴《おうった》え申《もう》し上《あ》げ候《そうろう》に付《つき》、御出役《ごしゅつやく》私共《わたくしども》立合《たちあい》にて御改《おあらため》成《な》られ候所《そうろうところ》、所持《しょじ》の品々《しなじな》書面《しょめん》の通《とお》り相違《そうい》御座《ござ》無《な》く候《そうろう》、これに依《よ》り立《た》ち合《あ》い場所《ばしょ》書《がき》差《さ》し上《あ》げ申《もう》す所《ところ》依《よっ》て件《くだん》の如《ごと》し
（年記・差出・受取略）

【文意】

差し上げます証文のこと
北条雄之助代官所
武州埼玉郡横根村
百姓　留五郎　年三十五才
一、もり　一本
一、竹継竿　五本

一、竹槍　二本
一、落鷺　六羽

右（の道具）は、去る十八日夜、寺山村名主惣左衛門持ち御囲鷺の巣山の垣根を破り、右の留五郎ほか三、四人が忍び入り、鷺を突いて捕らえたとき、いろいろな鳥が騒ぎ立てたので怪しく思った番人が山全体を見回りましたところ、他の者は逃げ去ってしまい、右の同人（留五郎）を捕まえて、そのくだりを（鳥見役へ）届けましたので、出張の鳥見役が私どももー緒に立ち会ってお調べなられましたところ、（盗人が）持っていた品々は、書面の通り相違ございません。これにより立ち会った場所についての書類を差し上げ申しますところは、前記した通りです。

（年記・差出・受取略）

（埼玉県立文書館保管・吉田〈実〉家文書・№1898）

3　実践古文書演習①

■名主退役願　「乍恐以書付御訴訟申上候」

この史料は正徳六年（一七一六）六月武蔵国秩父郡大野村（埼玉県ときがわ町）で、村役人である名主役の給料をめぐり、幕府代官に提出された願書です。当時大野村では名主給とよばれた役料が無いため、名主清太夫は家の生計に差し支えがあるとして、長百姓と呼ばれた村の有力者たちへ、自分の代役として名主役を命じてくれるよう幕府代官に訴えています。

江戸時代を通じて、このような村役人をめぐるもめ事は多く、中には村方騒動と呼ばれ村全体を巻き込むような騒動に発展するものも少なくなかったわけです。大野村ではこの後、翌年の享保二年（一七一七）には組頭が年番で名主を交代する形になり、清太夫の訴えが認められる形になりました。

さて、本史料3と次の4の史料については、具体的にくずし字の形や語彙について説明します。

【解説】

①「乍」「以」は下から返って読む返読文字です。

⑬ ⑫ ⑪ ⑩ ⑨ ⑧ ⑦ ⑥ ⑤ ④ ③ ② ①

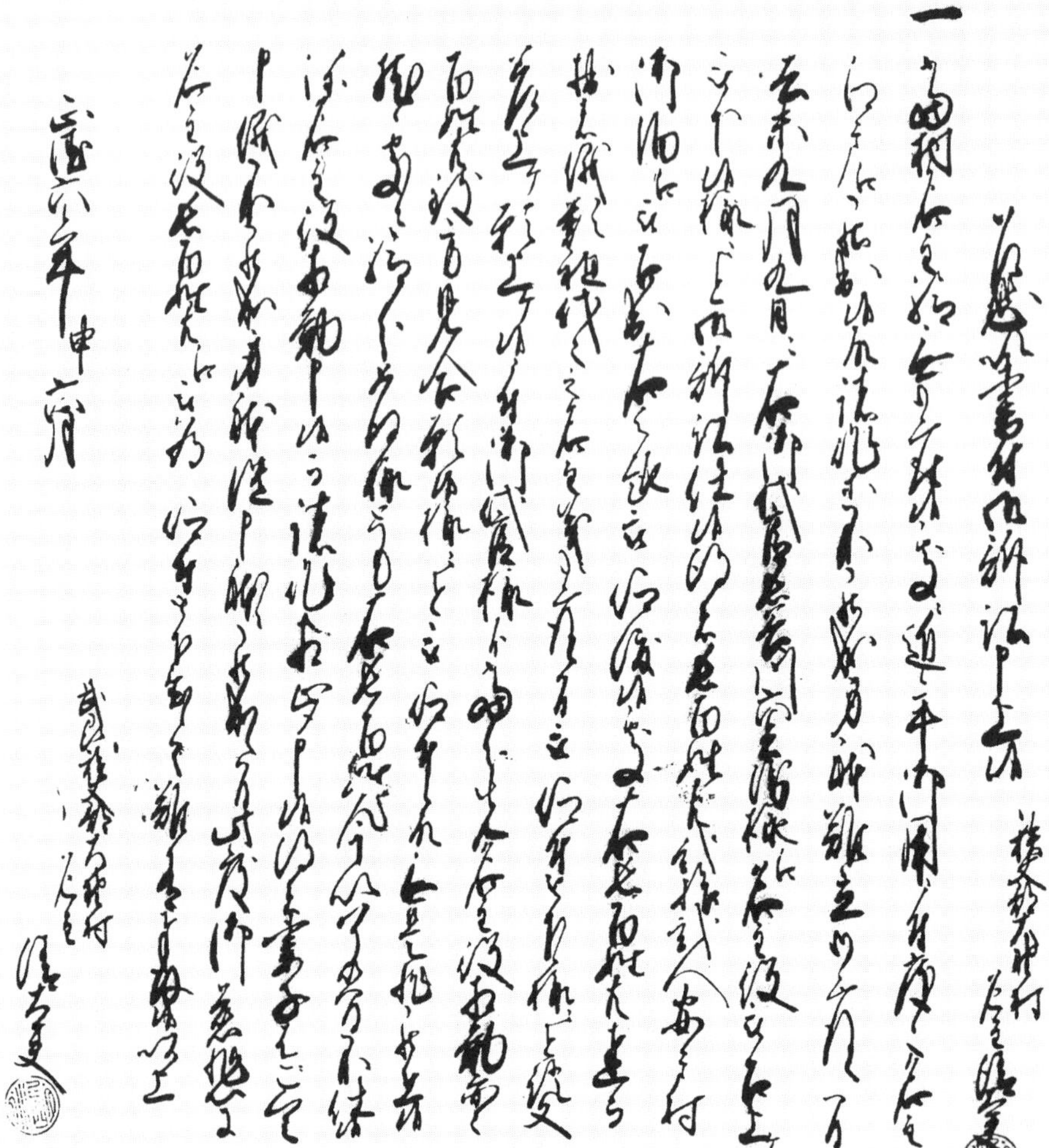

は「訴訟《そしょう》」と読みますが「言《ごんべん》」の違いに注目してください。②は「名主給《なぬしきゅう》」と読み、文字通り名主に支給される給与を言います。次の「無御座《ござなく》」は§2で習いましたね。③は接頭語的に用いられる「罷《まかり》」です。「罷出」である所へ出向くという意味です。ここでは「江戸」へ出向くということですね。は「諸作《しょさく》」と読みます。諸々の農作業のことです。は「身体《しんだい》」と読みます。「体」は異体字の「躰」が用いられています。身体とは「身代《しんだい》」のことで、資産・財産状

態を意味します。身上が「難立《たちがたく》」と言うことで、暮らし向きが悪かったわけです。行末は「候間《そうろうあいだ》」で「～なので」と訳します。④冒頭は「去未《さるひつじ》」と読みますが、去年の未年の、ということです。この行のしまいから次行はじめにかけては「被召上ケ《めしあげられ》被下候様《くだされそうろうよう》ニと」と読み、召し上げて下さいますように、つまり退役させてくださいとお願いしているわけです。⑤は「長百姓」と書いて「おとなびゃくしょう」または「おさびゃくしょう」と読みます。村の有力な百姓のことです。⑥は「被仰渡《おおせわたされ》」と読みますが、「被」と「仰」の間が少しあいているのは敬意を表すためで「欠《けつ》(闕)字《じ》」と言います。行末のは「達而《たって》」と読みます。「達」の脚部の横線が「辶《しんにょう》」で、その上は「奉」のくずしが書かれます。⑦は「類祖《るいそ》」と読みますが、これは「累祖」と同じと思われます。つまり、代々の祖先をさします。行末は「証文《しょうもん》」です。「証」は旧字の「證」が用いられています。この旁のくずしはしっかり覚えましょう。⑨は「無是非」と書いて、「ぜひなく」と読みます。しかたなく、という意味です。⑩冒頭は「然処ニ《しかるところに》」と読みます。ところが、しかし、という接続詞的な言葉です。「処」は旧字体の「處」が用いられています。は「了簡《りょうけん》」で、取り計らうこと、処置することです。「簡」の「⺮《たけかんむり》」と「間」のくずし方に注意してください。⑪冒頭のは「弥」で、これ1字で「いよいよ」と読みます。「弥」の正字は「彌」です。は「止」です。上に点が入ると「正」となります。行末には変体仮名で「はごくみ」と4文字書かれています。それぞれの字母漢字は「者」「己」「久」「三」です。ただし最後の「ミ」は片仮名とも考えられます。漢字で表記すると「育」で、つまり妻子を養う、という意味です。⑫は「潰《つぶれ》」と読みます。「氵《さんずい》」に「貴」と書くわけですが、ここでは旁が「遣」にも読めます。「潰」は一般的にはと書きます。⑬最後になって案の定§16と§26・27で習いました表現が出てきました。一気に読んでみましょう。まず、3字目の「仰せ付け」から読み、上に返って、なされ、もしくは、

させられ、次に下へ移って「下し置かれそうらわば」
となります。命じてくだされば、ほどの意味です。

【解読文】

① 乍レ恐以二書付一御訴訟申上候
秩父郡大野村　名主　清太夫
② 一、当村名主給無二御座一候処ニ、近年御用ニ付度々名主
③ 江戸江罷出候故、諸作等不二罷成一、身体難レ立御座候間、
④ 去未九月九日ニ右御代官長谷川六兵衛様江名主役被二召上ケ一
⑤ 被レ下候様ニと御訴訟仕候得者、長百姓共弐拾弐
人安戸村
⑥ 御泊江被二召出一、右之趣被二　仰渡一候処、右長百姓共達而
⑦ 拙者儀類祖代々之名主義ニ御座候間、被二　仰付一
被下候様ニと証文
⑧ 差上ケ願上ケ候ニ付、御代官様ゟ当分先名主役相
勤、亦々
⑨ 百姓共致方見合願候様ニと被二　仰付一候故、無二
是非一罷在候、
⑩ 然処ニ給分如何様とも右長百姓今以了簡不レ仕候、
⑪ 弥名主役相勤申候而諸作相止メ申候得者、妻子は
ごくミ
⑫ 申儀不二罷成一、身体潰申体ニ罷成候間、此度御慈悲に
⑬ 名主役長百姓共江被レ為二　仰付一被二下置一候ハヽ、
難レ有奉レ存候、以上
⑭ 正徳六年申六月
武州秩父郡大野村
名主　清太夫㊞
御代官様

【読み下し文】

恐《おそ》れ乍《なが》ら書付《かきつけ》を以《もって》御訴訟《ごそしょう》申《もう》し上《あ》げ候《そうろう》
秩父郡大野村《ちちぶぐんおおのむら》　名主《なぬし》　清太夫《せいだゆう》㊞
一《ひとつ》、当村《とうそん》名主給《なぬしきゅう》御座《ござ》無《な》く候処、近年《きんねん》御用《ごよう》に付度々《つきたびたび》
名主《なぬし》江戸《えど》え《(へ)》罷《まか》り出《いで》候故《そうろうゆえ》、諸作等《しょさくなど》罷《まか》り成《な》らず、身体《しんだい》
立《た》ち難《がた》く御座《ござ》候間《そうろうあいだ》、去《さ》る未九月九日《ひつじくがつここのか》に右御《みぎお》
代官《だいかん》長谷川六兵衛《はせがわろくべえ》様《さま》え《(へ)》名主役《なぬしやく》召《め》し上《あ》げられ下《くだ》され
候様《そうろうよう》にと御訴訟《ごそしょう》仕《つかまつ》り候得《そうらえ》ば、長百姓共二拾《おとなびゃくしょうどもにじゅう》
二人《ににん》安戸村《やすどむら》御泊《おとまり》え《(へ)》召《め》し出《いだ》され、右《みぎ》の趣《おもむき》仰《おお》せ渡《わた》さ
れ候処《そうろうところ》、右長百姓共達《みぎおとなびゃくしょうどもたっ》て、拙者儀類祖代々《せっしゃぎるいそだいだい》
の名主義《なぬしぎ》に御座《ござ》候間《そうろうあいだ》、仰《おお》せ付《つ》けられ下《くだ》され候《そうろう》
様《よう》にと証文《しょうもん》差《さ》し上《あ》げ願《ねが》い上《あ》げ候《そうろう》に付《つき》、御代官様《おだいかんさま》

より当分《とうぶん》先《ま》ず名主役《なぬしやく》相勤《あいつと》め、亦々《またまた》百姓共《ひゃくしょうども》致《いた》し方《かた》
見合《みあわ》せ願《ねが》い候様《そうろうよう》にと仰《おお》せ付《つ》けられ候故《そうろうゆえ》、是非《ぜひ》
無《な》く罷《まか》り在《あ》り候《そうろう》、然《しか》る処《ところ》に給分《きゅうぶん》如何様《いかよう》とも右《みぎ》
長百姓《おとなびゃくしょう》今以《いまもって》了簡《りょうけん》仕《つかまつ》らず候《そうろう》、弥《いよいよ》名主役相《なぬしやくあい》
勤《つと》め申《もう》し候《そうろう》て諸作《しょさく》相止《あいや》め申《もう》し候得《そうらえ》ば、妻子《さいし》はご
くみ申《もう》す儀《ぎ》罷《まか》り成《な》らず、身体潰《しんだいつぶ》れ申《もう》す体《てい》に罷《まか》り成《な》り
候間《そうろうあいだ》、此《こ》の度御慈悲《たびごじひ》に名主役長百姓共《なぬしやくおとなびゃくしょうども》え仰《おお》せ
付《つ》けなされ（させられ）下《くだ》し置《お》かれ候《そうら》わば有《あ》り難《がた》く
存《ぞん》じ奉《たてまつ》り候《そうろう》、以上《いじょう》

正徳《しょうとく》六年申《さる》六月

武州秩父郡大野村《ぶしゅうちちぶぐんおおのむら》
名主《なぬし》　清太夫《せいだゆう》㊞

御代官様《おだいかんさま》

【現代語訳】

恐れながら書付でお訴え申し上げます

秩父郡大野村　名主　清太夫

一つ、大野村では今まで名主給がなく、最近は御用で江戸へ行くことも多いため、農作業が出来ず、家の生計の成り立ちが難しくなりましたので、去年の九月九日幕府代官の長谷川六兵衛様へ名主役の退役をお願いしました。そして、代官の長谷川様は村内の長百姓二二人を、宿泊する近隣の安戸村へ呼び出し、清太夫の退役の件を命じたところ、清太夫は先祖代々から名主役を勤めた家なので、名主役を命じてほしいと願書を認め長百姓たちはお願いしました。すると代官は清太夫に対して、しばらくの間とりあえず名主役を勤め、再び百姓たちの様子を見るよう命じましたので、仕方なく名主役を継続して勤めました。しかし、長百姓たちはいまだに名主給について処置をせず、このまま名主役を勤めて、農作業が出来なくなると、妻子を養うことが出来なくなり、家が潰れてしまいます。そのため、今回は長百姓たちに名主役を命じて下さるようお願い致します。

正徳六年申六月

武州秩父郡大野村
名主　清太夫㊞

御代官様

（埼玉県立文書館保管・森田家文書№５９９２）

4　実践古文書演習②

■酒禁止村掟　「相極申村中酒法度証文之事」

この史料は、元文二年（一七三七）四月に武蔵国秩父郡大野村（埼玉県ときがわ町）で定められた禁酒に関する村掟です。昨年より村入用や年貢などの支払いが滞っているのは、村内で売られている酒のためだとして、村内での小売りは勿論、他村からの購入も禁止する村掟を村人一八二名全員の総意として定めました。この掟を破った場合、過料として銭一貫文の支払いが義務づけられました。江戸時代は多くの法令が幕府や領主から村へ出されていましたが、このような形でそれぞれの村で、村掟が取り決められることもしばしばあり、盗みや博奕に関するものが多いようです。またこの村掟は、酒を禁止せねば年貢を期限内に支払えないと思うほど、酒を買って呑む習慣が定着している江戸時代の村の生活がうかがえる史料です。

【解説】

①は「極」で「きめ」と読みます。「決」や「究」とも書きます。は「酒法度」と読み、酒に関わる掟の意です。③は「畢竟」と読みます。つまるところ、という意味ですが、「畢」は異体字の「早」が用いられています。は、少し分りづらいのですが、上部のが「弗」で、下部が「貝」のくずしで「費」です。は「存付《ぞんじつき》」と読み、思い付くことです。似た言葉に「存寄」があります。これも思い付き、という意と、考え・意見などの意味もあります。④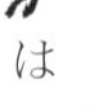は「よ」と「り」の合字で「より」と読みます。⑤は「堅」と読みます。他に・などのくずし方がありますが、左上部分の変化に注意してください。は、上が「小」下が「月」ですが、一般的には上が「北」下が「月」で「背」となるわけです。は疑問を表す助詞で「～だろうか」というときに用います。正字は「歟」ですが、古文書では

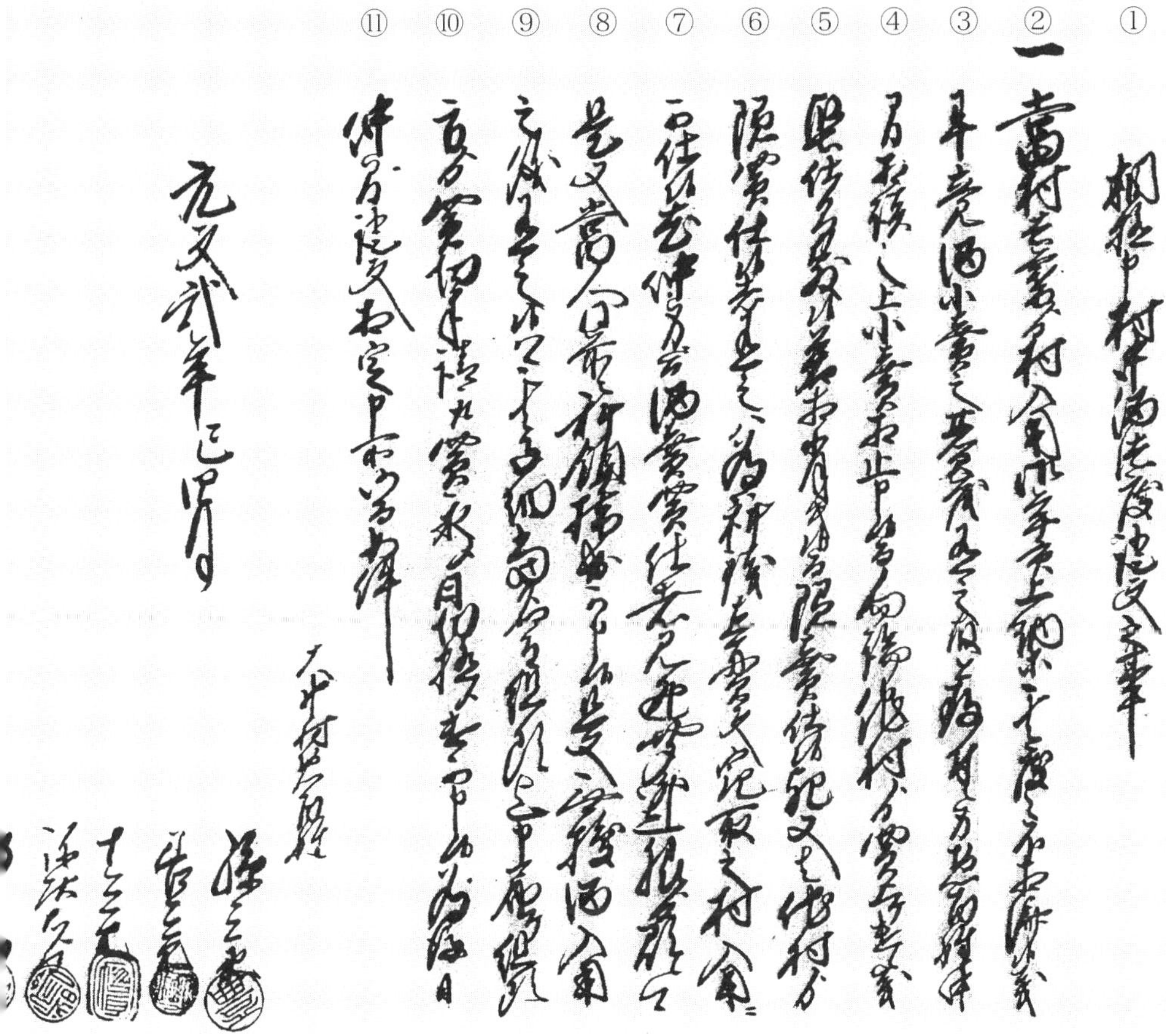

多くの場合俗字（異体字）の「欤」が使われます。⑥の1字目の「為」は、さまざまな読み方がありましたがここでは§15の「として」です。下の熟語から「科銭として」と読みます。は「宛」ですが、「誰々あて」などというときの「あて」とも読みますが、ここでは「ずつ」と読みます。過料として一貫文ずつ取る、という意味です。⑦は「逃」の異体字「迯」です。「外」に「辶《しんにょう》」と書きます。次のは上部が「門《もんがまえ》」で、下部の「夕」のように書かれている部分が「耳」、したがって「聞」となります。の偏は典型的な「⺼《にくづき》」です。ぜひ覚えてください。旁を見ますと、上が「刀」下は渋谷の「渋」の右下と同じです。この「〻」は上の文字を左右に二つ繰り返すという踊り字の一種です。したがって、元に戻りますと、の右下も「〻」ですから上の「刀」を繰り返しますと「脇」となります。これは「脇」の異体字で、

「力」と「刀」はしばしば混用されるのです。さて次に、ですが偏が「見」、旁が「頁」のようです。しかしそのような漢字はありません。これはこのままの字体で覚えるか、前後関係で覚えます。つまり「脇より」と来たら「露見（顕）する」とか「顕れる」という語が来る頻度が非常に高いのです。したがってここでも「顕《あらわれ》」と読めばよいのです。⑧1字目は「是《これ》」と読みます。下半分の「走」に似たところのくずし方に特徴があります。は「同前《どうぜん》」ですが、意味から考えますと「同然」の方が正しいようです。つまり「前」は当て字ですが、慣用的に用いられている用字です。次は「科領《かりょう》」と書かれていますが、「科料」の書き損じのようです。は「旦」ではなく「且《かつ》」です。次の文字とで「且又《かつまた》」となり、その上また、という意の接続詞です。⑨は「其《その》」で、「此」はなどとくずされます。は「占」に「辶《しんにょう》」で「迄」の異体字「迠」です。かなりくずされていますので、この形で覚えてください。

【解読文】

① 相極申村中酒法度証文之事

② 一、当村去暮ゟ村入用御年貢上納等其度々不二相済一候義、

③ 畢竟酒小売之費茂有レ之故と存付候間、惣百姓中

④ 間相談之上、小売相止申候而、勿論他村ゟ買上ケ遣候義

⑤ 堅仕間敷候、若相背キ候而隠売仕候歟、又者他村ゟ

⑥ 隠買仕候者有レ之ハ、為科銭壱貫文宛取レ之、村入用ニ

⑦ 可レ仕候、尤仲間ニ而酒売買仕者見逃・聞逃、脇ゟ顕候ハヽ、

⑧ 是又当人同前ニ科領（料）指出可レ申候、且又無レ拠酒入用

⑨ 之儀有之候ハヽ、其子細当名主・組頭迄申届ケ、組頭

⑩ 方ゟ買切手請取買求メ日切極メ遣可レ申候、為二後日一

⑪ 仲間証文相定申所、仍而如件

元文弐年巳四月

大野村惣百姓
孫兵衛㊞
（他一八一名略）

【読み下し文】

相極《あいき》め申《もう》す村中酒法度証文《むらじゅうさけはっとしょうもん》の事《こと》

一《ひとつ》、当村去《とうそんさ》る暮《くれ》より村入用御年貢上納等《むらにゅうようおねんぐじょうのうなど》、その

度々《たびたび》相済《あいす》まず候義《そうろうぎ》、畢竟《ひっきょう》酒《さけ》小売《こうり》の費《つい》えもこれ有《あ》る
故《ゆえ》と存《ぞん》じ付《つ》け候間《そうろうあいだ》、惣百姓中間《そうびゃくしょうなかま》相談《そうだん》の上《うえ》、小《こ》
売《う》り相止《あいや》め申《もう》し候《そうろう》て、勿論《もちろん》他村《たそん》より買《か》い上《あ》げ遣《つかわ》
し候義《そうろうぎ》堅《かた》く仕《つかまつ》るまじく候《そうろう》、もし相背《あいそむ》き候《そうろう》て
隠《かく》れ売《う》り仕《つかまつ》り候《そうろう》か、又《また》は他村《たそん》より隠《かく》れ買《か》い仕《つかまつ》
り候者《そうろうもの》これ有《あ》らば、科銭《かせん》として壱貫文《いっかんもん》ずつこれ
を取《と》り、村入用《むらにゅうよう》に仕《つかまつ》るべく候《そうろう》、尤《もっと》も仲間《なかま》にて
酒《さけ》売《う》り買《か》い仕《つかまつ》る者《もの》、見逃《みのが》し・聞《き》き逃《の》がし、脇《わき》より
顕《あら》われ候《そうら》わば是《こ》れ又当人同前《またとうにんどうぜん》に科領《かりょう》（料）指《さ》し出《だ》
し申《もう》すべく候《そうろう》、且《か》つ又拠《またよんどころ》無《な》く酒入用《さけにゅうよう》の儀《ぎ》これ
有《あ》り候《そうら》わば、其子細当名主《そのしさいとうなぬし》・組頭迄申《くみがしらまでもう》し届《とど》け、組《くみ》
頭方《がしらかた》より買切手《かいきって》請《う》け取《と》り買《か》い求《もと》め、日切《ひぎり》極《き》め遣《つかわ》し
申《もう》すべく候《そうろう》、後日《ごじつ》の為仲間証文相定《ためなかましょうもんあいさだ》め申《もう》す所《ところ》、
仍《よっ》て件《くだん》の如《ごと》し

元文弐年巳四月《げんぶんにねんみのしがつ》

大野村惣百姓《おおのむらそうびゃくしょう》
孫兵衛《まごべえ》㊞
（他一八一名略）

【現代語訳】

相極めます村中酒法度証文の事

大野村では去年の暮より、村入用や年貢の上納など、その度ごとに支払いが滞っているが、これはつまり酒を買う費用のためだと思うので、惣百姓全体で相談した上、酒の小売りを禁止し、勿論他の村からの購入も堅く禁止します。もしこれに背いて、隠れて売ったり、他村から買う者がいたならば、過料として銭一貫文を徴収し、これを村入用の足しに使います。また惣百姓の中で、酒を売るものを見逃したり聞き逃したりして、そのことが明らかになったならば、この者も同様に過料を差し出しなさい。またどうしても酒が必要な場合があったならば、その理由を名主や組頭へ伝え、組頭より酒の購入日を記した切手を受け取ってから酒を購入することにします。後日のため惣百姓仲間の証文を定めることは以上の如くです。

元文二年巳四月

大野村惣百姓
孫兵衛㊞
（他一八一名略）

（埼玉県立文書館保管・森田家文書No.6134）

あとがき

最後に、本書はあくまで、江戸時代の古文書を解読し、その意味を理解することを目的としたものです。文字が読めて、文章の意味がわかったなら、古文書そのものが書かれた背景や、どういう人びとがその裏で動き関わったのか、ということも、ぜひ想像してみてください。そのとき、歴史学や民俗学、古文書学・史料学、地誌、文学、美術、建築、考古学などさまざまな学問の成果がきっと役だってくれるはずです。最近では、『調べる江戸時代』(柏書房刊)のような、一般の方に向けた手引き書も刊行されつつあります。『はじめての古文書教室』でとりあげたように、一点ずつの古文書読み切りから始めてもかまいません。そして、くずし字のマスターは当面の目標、終着点ではありますが、その先の時空を超えた歴史探求の出発点ともなるということも、ぜひとも忘れないでいてください。

くずし字の解読から、古文書の読解へ、そしてあなただけの歴史探検に、順風満帆に出航できるよう、お祈りしています。

【著　者】
天野　清文　あまの きよふみ
1953年生まれ　立教大学文学部史学科卒業
現在　天野出版工房代表

実松　幸男　さねまつ ゆきお
1967年生まれ　國學院大学大学院文学研究科日本史学専攻
博士課程前期(修士)修了
現在　春日部市郷土資料館長(学芸員)

宮原　一郎　みやはら いちろう
1969年生まれ　國學院大學大学院文学研究科日本史学専攻
博士課程(後期)退学
現在　川越市教育委員会

ステップアップ　古文書の読み解き方

2006年10月10日　第1刷発行
2022年4月1日　第4刷発行

著　者　天野清文・実松幸男・宮原一郎
発行者　天野清文
発行所　天野出版工房
〒411-0907　静岡県駿東郡清水町伏見405-12
電話・FAX　055(919)5588
発売所　株式会社 吉川弘文館
〒113-0033　東京都文京区本郷7丁目2番8号
電話　03(3813)9151〈代表〉
振替口座 00100-5-244
http://www.yoshikawa-k.co.jp/
装　幀　下山ひほし
印　刷　不二精版株式会社
製　本　協栄製本株式会社

ISBN4-642-07967-X C1021